京 和 学 术 文 库

京和大讲堂

——文旅创新大家谈 第一辑

范 周 主编

知识产权出版社

全国百佳图书出版单位

——北京——

图书在版编目（CIP）数据

京和大讲堂：文旅创新大家谈.第一辑/范周主编.—北京：知识产权出版社，2024.10.
ISBN 978-7-5130-9529-7

Ⅰ.G124；F592.3

中国国家版本馆 CIP 数据核字第 2024A1A617 号

内容提要

本书集结顶尖智囊共探文旅创新前沿，精彩辑录了刘玉珠、单霁翔、李凤亮和李向民等行业巨擘的真知灼见：刘玉珠剖析文物遗产的国际交流策略；单霁翔以故宫焕新案例，展现文化遗产活化的力量；李凤亮立足国际视野，探讨了文化创新的中国战略；李向民以主题影视创作实践，为我们深度剖析讲好中国故事的立意与方法。系列演讲不仅是智慧火花的碰撞，更是文旅产业升级的导航灯，引领我们步入一个文化深植、科技赋能的文旅新时代。

本书适合文旅研究者及文旅行业从业者阅读。

责任编辑： 李石华　　　　　　　　**责任印制：** 孙婷婷

京和大讲堂——文旅创新大家谈（第一辑）

JINGHE DAJIANGTANG —— WENLÜ CHUANGXIN DAJIA TAN（DI-YI JI）

范　周　主编

出版发行：**知识产权出版社** 有限责任公司		网　　址：http://www.ipph.cn	
电　　话：010-82004826			http://www.laichushu.com
社　　址：北京市海淀区气象路50号院		邮　　编：100081	
责编电话：010-82000860转8573		责编邮箱：303220466@qq.com	
发行电话：010-82000860转8072		发行传真：010-82000893	
印　　刷：北京中献拓方科技发展有限公司		经　　销：新华书店、各大网上书店及相关书店	
开　　本：720mm×1000mm　1/16		印　　张：13	
版　　次：2024年10月第1版		印　　次：2024年10月第1次印刷	
字　　数：180千字		定　　价：78.00元	

ISBN 978-7-5130-9529-7

前 言

"京和大讲堂"是北京京和文旅发展研究院重点打造的学术品牌。一转眼,"京和大讲堂"系列讲座已历经四季,进入了第三个年头。谋划"京和大讲堂"之初,策划团队便有了一个顽强而又清晰的意念,那就是要打造一个分享经济现象、社会发展、艺术人文、科学技术等前沿领域的高端对话平台。它既是名家讲堂,更是传递新知、碰撞思想火花的殿堂;它不仅要回应时代之问,响应大众关切,更要服务行业实践,聚焦学术前沿。也正是由于这份执着,从 2022 年 5 月 31 日正式上线的一系列讲座,抗住了居家办公的挑战、春节假期的挑战、线上线下同步进行的挑战,总能以月度的频率如期而至。也是在"京和大讲堂"酝酿之初,我便暗下决心,务必将已完成的高质量讲座、访谈,聚合在一起出版,以便日后温习参考,这一想法也得到了京和工作团队的一致赞同。这就是本书编选的缘起。

承蒙诸位名家的厚爱与支持,"京和大讲堂"系列讲座才得以创办并持续地开展下去。"转益多师是汝师",在每次活动的筹备、实施、复盘中，我和工作团队都在学习和收获。无论前辈学人还是青年学者，他们宝贵的治学经验和睿智思考都在一场场讲演和交流对话之间迸发，时不时使人醍醐灌顶。本书的编选次序，以讲座时间排列。"京和大讲堂"邀请的名家并不局限于单一领域，但本辑相对集中地收录了文化和旅游领域名家，如刘玉珠、单霁翔、李凤亮、李向民、向勇、徐洪才、吴必虎等。本书在语言风格上，有意保留了演讲的口气和生动的文风，突出"讲"的现场感。在知识体系上，保持了相对的稳定性，主题突出、特点鲜明，无论是文化遗产保护还是文艺创作，无论是城市文明抑或文化乡建，均紧贴学术和产业前沿。再次，真诚地感谢诸位专家、学者。

时代气象万千，新知横无际涯，我们既需聆听智者之音，更要胸怀向学之心。 高山仰止，我们仰慕名家的妙语和智慧，而在 21 世纪的今天，数字化重塑下的未来，如何学会不被机器替代，不被时代淘汰的生存法则，用知识武装头脑、修炼"内功"，才更值得每一个人深思。

2024 年 5 月

目录

第一讲
文化的力量：让文化遗产资源活起来

单霁翔 [*]

————

2022 年 5 月 27 日，习近平总书记在中共中央政治局就深化中华文明探源工程第三十九次集体学习时强调，文物和文化遗产承载着中华民族的基因和血脉，是不可再生、不可替代的中华优秀文明资源。要让更多文物和文化遗产"活"起来，传播更多承载中华文化、中国精神的价值符号和文化产品。2023 年 12 月 19 日，习近平总书记在文化传承发展座谈会上指出，在五千多年中华文明深厚基础上开辟和发展中国特色社会主义，把马克思主义基本原理同中国具体实际、同中华优秀传统文化相结合是必由之路。党的二十大将"加大文物和文化遗产保护力度，加强城乡建设中历史文化保护传

————

[*] 单霁翔，中国文物学会会长、故宫学院院长、故宫博物院原院长。

承"作为推进文化自信自强、铸就社会主义文化新辉煌的一个部分写进报告中。全面加强文化遗产保护传承，是学习贯彻习近平文化思想，着力赓续中华文脉、推动中华优秀传统文化创造性转化和创新性发展的重要举措。

一、城市建设 VS 遗产保护：城市建设中的文化问题

人类在地球这颗蓝色星球上的生存已经有超过 300 万年的历史。随着能量的增长和各种力量的汇集，过去的一万年间可以说实现了爆发式的增长，人类从渔猎时代开始向往更加辽阔的生存空间，如凭借航天事业的迅速发展，宇航员能够在太空空间站生活。当然，我们还会脚踏实地地生活在地球上，生活在我们的人居空间里。地球是我们的家园，也是我们需要不断维护的人居环境。过去的 40 年间，中国开启了城市化进程，其速度和规模都是前所未有的。

（一）道路交通对城市文化的割裂

在 1994 年前后，苏州建设了一条名为赣江路的大道，这条道路穿过了拥有 2500 年历史的古城中心。由于这样的城市规划变动，使得整个苏州古城未能作为一个整体被列入《世界遗产名录》。不过，苏州还是成功地将九处精美的古典园林分别于 1997 年和 2000 年申报成为世界遗产，尽管如此，人们仍感到有些许遗憾。因此，在推进现代化建设的同时，需要更加细致地考虑如何保护好历史文化的完整性，确保发展与传承并重，让古老的文化遗产得以延续其独特的魅力。

京和学术文库

（二）高楼大厦对城市形象的模糊

传统建筑正逐渐被现代化的高楼大厦所取代，导致许多城市呈现出"千城一面"的现象。很多城市的办公楼缺乏地域特色，无法反映当地独特的景观风貌，使得人们难以区分南方与北方的城市，这降低了城市形象的辨识度。此外，千篇一律的学校校舍和教学楼也不利于培养新一代艺术家的独特视角和创造力。同时，一些"光亮派"的现代建筑正在逐步取代原有的文化地标。例如，山东济南的老火车站曾以其标志性的四面钟而闻名，为没有手表的人们提供了重要的时间参考。然而，在20世纪90年代，为了建设新的火车站，这座富有历史意义的老站因与新设计不协调而被拆除。在拆除前，许多市民带着家人前来拍照留念，表达了对这座标志性建筑的不舍之情。另一个例子是殷墟，作为甲骨文和青铜器的故乡，在2003—2005年申报世界遗产期间遇到了挑战。当时，河南安阳计划在部分覆盖殷墟遗址的区域扩建安阳钢铁厂，这引发了一场关于文化遗产保护与地方经济发展的讨论。考虑到钢铁生产对当地经济的重要性，最终还是进行了扩建。然而，随着时间的推移，人们越来越意识到保护这一重要历史遗址的必要性，现在安阳钢铁厂已经开始减产并逐步搬迁。这些变化反映出，在快速的城市化进程中，有时会面临文化遗产保护与现代化建设之间的平衡难题。虽然过去的一些决策可能对文化遗产造成了一定的影响，但关键在于我们能够认识到这些历史遗迹的价值，并采取积极措施来加以保护，以确保它们得到妥善保存并传承给未来的世代。这样的努力有助于维护我们的文化根脉，让后人也能感受到这份珍贵的历史遗产。

（三）西方文化标识对城市人居环境的破坏

在北京的传统四合院区，如北池子大街上出现的西方风格雕塑，以及历史文化街区荷花市场的星巴克、传统商业街隆福寺街的肯德基，乃至西安鼓楼的麦当劳等，这些西方形式主义的建筑和标识逐渐融入中国城市的中心地带，引发了对文化自觉和文化遗产保护的关注。例如，在西安这座拥有 14 朝古都历史的城市里，大雁塔和小雁塔这样的古建筑群令人震撼。然而，西安机场的广告语"开放的陕西欢迎您！"似乎更加强调现代化的发展，而相对弱化了对西安古建筑的宣传，以此来展现城市的开放与进步。同样地，哈尔滨机场的广告提到"1907—2007，哈尔滨迎来第二座伟大建筑"，如果第一座指的是作为全国重点文物保护单位的索菲亚教堂，那么新建成的这座高楼大厦似乎象征着一种新的时代标志。这些现象反映出，在全球化进程中，西方文化元素对中国传统文化的影响日益显著。重要的是，**在推进现代化的同时，我们也应更加重视保持和传承自身的文化特色，以确保文化多样性和独特性的延续。**

二、申遗的实践过程让我们更加重视文化遗产保护

（一）"文化遗产是人类共同遗产"理念缘何而起

第二次世界大战以后，人们开始关注自己国家和领土上具有重要文化意义的文化资源，并且当这些文化资源受到威胁时，会举全国之力，甚至求助国际组织共同来进行拯救。著名的案例，就是埃及的努比亚遗址。

当时埃及和邻国政府为了解决粮食、解决生存问题，要建一个大型的水库——阿斯旺水库，但是水库的建设将会使阿布辛贝神庙被淹没。由于埃及政府无力解决这个问题，就求助国际社会。当时联合国教科文组织便组织了多达30多个国家的队伍进入神庙现场，把神庙的内部构件进行编号，随后便把它们拆卸搬运到不被水淹没的高处，进而重新建造起来。这样阿斯旺水库得以建设，而努比亚遗址也得以保护。正是基于这样一个重大的文物保护项目的实践，诞生了一个非常重要的理念：**那就是文化遗产并不是一个国家，一个民族所独有的，它是全人类共同的遗产**。这一理念一提出，便很快在世界范围内达成共识，于是在1972年，形成了《保护文化和自然遗产公约》，也就是我们平常说的《世界遗产公约》。

（二）我国的申遗道路漫长且曲折

1972年《世界遗产公约》形成。1980年以后，我国文物专家学者出国考察，开始呼吁中国加入《世界遗产公约》。1982年，我国颁布了《中华人民共和国文物保护法》。1985年，中国加入《世界遗产公约》。那么，下面就来简单回顾一下我国的申遗之路。

第一批世界遗产的诞生。1987年，我国有了第一批世界遗产。包括长城、周口店北京人遗址、秦始皇陵兵马俑、北京故宫、敦煌莫高窟和山东泰山。虽然只有六项，但是对于我们的文物保护和世界遗产的衔接具有重要作用。比如长城，虽是中华人民共和国第一批文物保护单位，但当时列入的只有山海关、嘉峪关、居庸关、八达岭这样的一些点段，之后每若干年会列入一批全国重点文物保护单位，但始终没有把我们的万里长城作为一项整体保护的项目。但是当申报世界遗产的时候，中国政府就把长城两个字作为一个项目申报并获得了成功，这样跨越 14 个省、自治区、直辖市的历朝历代的长城都列入了世界遗产保护之列。还有泰山，过去我们列入文物保护的是泰山上的那些古建筑群和摩崖石刻，但是当申报世界遗产的时候，才认识到这些摩崖石刻和背后的山体是不可分割的，摩崖石刻上面的内容跟整个泰山文化也是不可分割的。于是，中国政府就把整个泰山作为一个完整的项目进行申报，强调人与自然共同形成的文化景观，并成功将其列入《世界遗产名录》。**这个举动就改写了世界遗产的历史，因为过去世界遗产只有两类——文化遗产和自然遗产，泰山列入以后我们就出现了第三类世界遗产，就是文化和自然遗产。**自此以后，我国的山川及文化景观便纷纷加入申遗的队伍。而随着申遗实践的不断深入，我们对文化遗产保护的认识也在不断完善，逐步认识到要保护文化遗产的完整性和真实性的重要性。

申遗热遇到了严规定。1997 年，随着山西平遥和云南丽江列入《世界遗产名录》，我国开始出现申遗热潮。当时，全国各地区都希望把他们那些具有重要文化意义的文化资源列入《世界遗产名录》。我们手里当时就有多达 70 项左右的世界遗产申报名单。但是在 2004 年中国苏州召开的联合国教科文组织世界遗产大会上确定了一个对我们的申遗工作相当不利的规定，即一个国家无论大小，每个国家每年只能申报一项文化遗产。试想一下，我们是 5000 年的文明古国，具有相当丰富的文化遗产资源，如果每年只能挑选一项进行申报，那我们该如何申报？所以当时我们要不断地跟国际组织沟通。世界文化遗产领域有三大机构，我们请三大机构的三个负责人来一起商议，跟他们说我们会遵守国际的规定，每年只申报一处，但是我们会努力申报成功。**因为我们每一项世界遗产申报都带有抢救性质。**

申遗工作的快速发展期。此后，我国便积极推动各地文化遗产的申遗，并取得了显著成效。2004 年，高句丽王城、王陵及贵族墓葬申遗成功。2005年，澳门历史城区申遗成功。2006 年，河南安阳殷墟申遗成功。2007 年，开平碉楼与村落申遗成功。2008 年，福建土楼申遗成功。2009 年，五台山申遗成功。2010 年，登封"天地之中"历史建筑群申遗成功。2011 年，杭州西湖文化景观申报成功。2012 年，内蒙古元上都遗址申遗成功。2013 年，云南哈尼梯田申遗成功。2014 年，两项遗产申遗成功，一项是大运河，一项是丝绸之路。为什么一年能有两项成功呢？因为丝绸之路是中国、哈萨克斯坦和吉尔吉斯斯坦三国共同申报，用的是吉尔吉斯斯坦的名额。2015 年，湖南、湖北、贵州的土司遗址申遗成功。2016 年，广西花山岩画申遗成功。2017 年，厦门鼓浪屿申遗成功。2019 年，良渚古城遗址申遗成功，这也标志着中国一跃成为全世界拥有世界遗产最多的国家。2021 年，联合国教科文组织在中国召开第 44 届世界遗产大会，会上将"泉州：宋元中国的世界海洋商贸中心"成功列入《世界遗产名录》，成为中国第 56 处世界遗产。❶

---

❶　人民资讯．第 44 届世界遗产大会："泉州宋元中国的世界海洋商贸中心"的前世今生［EB/OL］．（2021-07-08）［2024-05-06］.https：//baijiahao.baidu.com/s?id=17065073095835082018&wfr=spider&for=pc.

（三）申遗实践过程促进文化遗产保护

其实，是不是世界遗产数量最多对于我们来说不是最重要的，因为我们早晚都会是最多的。关键是在这个过程中，我们抢救保护了大量的文化遗产。

良渚遗址。良渚古城遗址在申报世界遗产之前，遗址上遍布各种废品回收站、工业企业厂房及印刷厂等建筑，同时不断增加的农民住宅建设、开山取石对遗址环境造成了极大破坏。2006年，我国考古学家在良渚遗址上发现了古城遗址，它是北京紫禁城的四倍大。在进行申报世界遗产时，我国开始对遗址周边环境进行整治。2009年，国家文物局在良渚召开了"大遗址保护良渚论坛"。当时我在会议上代表国家文物局喊出了一个口号："要让考古遗址像公园般美丽。"这个口号真的是来之不易。长期来人们一直对于考古遗址公园提出异议，认为考古遗址是考古学家工作的地方，公园是人们休闲娱乐的地方，这两个名词是不能搁在一起的。**我们也在不断地解释：湿地是要保护的，但也可以成为湿地公园，湿地是主角；森林是要保护的，但也可以成为森林公园，森林是主角**。那么遗址也可以成为人们参观的地方，只有人们走进去感受它的魅力，才会更加精心地保护它，但关键要通过实践才能让人信服。后来，通过高句丽遗址、金沙遗址及大明宫遗址的相关实践，人们开始认识到考古遗址公园是考古遗址保护的重要途径。所以在大遗址保护良渚论坛会议上，专家才认可了考古遗址公园的概念。2010年，第一批考古遗址公园的名单便相继公布，现在正在进行第四批考古遗址公园的建设。

今天，良渚遗址经过环境整治与遗址保护成为遗址公园。良渚恢复了它的山形水系，恢复了它的地貌，恢复了它的农业景观，恢复了它原本的宫殿格局，并在附近建立了一个非常漂亮的博物馆专门收藏展示良渚遗址出土的重要文物。在这些工作完成后，良渚遗址公园正式开园。近年来，每年都有上千名甚至上万名全国各地的游客来这里参观学习，良渚也成为年轻人及同学们学习交流的一个大课堂，并通过数字技术让年轻人体验5000年前人们生存的状况，成为人们生活的一片文化绿洲。

五台山遗址。 五台山提出申遗的时候，我们到现场一看，20多处地点需要整治，特别是最核心的地段台怀镇。当时，这些宗教寺庙、建筑群的山下，上千个小门店把古建筑群围得水泄不通，如小饭馆、小茶馆、卡拉OK和洗脚屋等。要申报世界遗产，就必须进行环境整治。经过一年的时间，五台山下面的小门店、那些旅游设施退后十里地，建设游客服务中心。又经过一年整治，"深山藏古刹"的意境才终于复归。之后五台山也因此成功申报了世界遗产。今天文旅融合已经不会再发生那样的情况了，所以五台山会得到长治久安的保护。

杭州西湖。 进入新的世纪后，杭州提出西湖申报世界遗产，这是一个更为艰巨的任务。因为西湖是在一个蓬勃发展的省会城市中心的广阔区域，西湖的文化景观是"三面云山一面城"，这就意味着三面云山里面不能出现任何新的建筑。对此，杭州市也作出了相应的承诺。今天人们再到杭州，无论是荡舟西湖还是漫步苏堤、白堤，都看不到任何一栋侵入西湖文化景观里的新建筑，杭州成功了！但是在这个过程中，杭州的经济社会发展受影响了吗？没有！自从申报世界遗产之时，杭州就坚定不移地从西湖时代走向了钱塘江时代。2016年的G20峰会，美丽的杭州新城景观通过影像传到了世界各地，真正实现了梁思成先生当年的主张——一座历史性城市要保护老城建设新城。

丝绸之路与大运河。大运河当时是作为一个重大项目进行申遗，因为我们从来没有这么大规模的一项遗产来申报世界遗产。最初关注大运河是因为南水北调工程。2003 年开工以后，无论是中线方案还是东线方案，都涉及很多的地上地下的文物古迹。当时我们就写了一个关于大运河文化遗产保护亟待加强的全国政协提案并得到了重视。之后由全国政协牵头召开了京杭大运河保护与申遗研讨会，大运河保护与申遗也列入了当时全国政协唯一的集体采访活动。2006 年，大运河列为全国重点文物保护单位。2007 年，我们又写了关于推进大运河申报世界文化遗产工作的提案，建议大运河加快申报世界遗产。在申报世界遗产的时候，经过工作会议的讨论，我们慢慢达成了一个共识：就是大运河申遗，不但京杭大运河要列入申报遗产，它的前身隋唐大运河也应该列入，还有就是浙东运河也应当列入。这意义很大。因为隋唐大运河的起点是洛阳，而洛阳和西安又是丝绸之路的东起点，这样就把漫长的沙漠绿洲丝绸之路和大运河连在了一起，而浙东运河的加入（包括绍兴段和宁波段）和海上丝绸之路又连在了一起。**这才是历史的真实，即人类迁徙、商品贸易与文化交流是一个不间断的网状线路。**申报过程并不容易。因为体量很大，仅大运河就连接着 35 座城市，因此必须编制统一的保护规划。首先需要编制统一的申报文本。当时大运河保护规划编制工作分三个阶段进行：2009 年 6 月底前，完成地级市大运河遗产第一阶段保护规划编制工作；2009 年 12 月底前，完成八个省、自治区、直辖市的保护规划的编制；2010 年 12 月底前，完成整个大运河总体保护规划的编制。通过不断进行会议动员和审议，编制申报文本才得以完成。2014 年，大运河成功列入《世界遗产名录》。

　　通过这些年的实践，反反复复地走大运河，我们究竟学到了什么？我认为是逐渐明确了关于大运河，我们要保护什么的问题。关于大运河，最需要保护的就是沿线的多重景观。我把大运河沿线的景观分为 16 种景观：**一是**大运河的自然景观，大运河沿线人与自然和谐共生的自然景观在保护规划中要给予保护和体现；**二是**大运河沿线的历史景观，如码头、堤坝及古墓葬等都要给予保护；**三是**大运河沿线的建筑景观，特别和大运河的治理有关的这些建筑景观要给予保护；**四是**大运河沿线的工程景观，如 600 年前的堤坝；**五是**大运河沿线的运输景观，运输是大运河最重要的功能之一，今天江南运河的运输量还是三峡运输量的一倍多，所以运输景观的运输功能要把它活态化地保护好；**六是**大运河沿线的河道景观；**七是**大运河沿线的风貌景观，从南到北不同的历史街区呈现出的历史文化街区面貌；**八是**大运河因水而生的园林景观，如扬州瘦西湖、杭州西湖及苏州园林；**九是**大运河与丝绸之路的联通景观；**十是**大运河沿线的商业景观，特别是上百年的老字号景观；**十一是**大运河沿线的民居景观，尤其是具有民居特色的景观；**十二是**大运河沿线的民俗景观，各个地方丰富多彩的民间文化活动的景观；**十三是**大运河沿线的生活景观；**十四是**大运河沿线的生产景观，即运河为人们提供的生产条件及相关生产产品；**十五是**大运河沿线的艺术景观，特别是非物质遗产，如苏州的金砖制作工艺；**十六是**大运河沿线的城镇景观。随着大运河保护的不断完善，运河的景观也在不断丰富。

三、文物保护与文化遗产保护，究竟有哪些区别

这些年来一直在争论文物保护和文化遗产保护，究竟有什么区别？通过大量的工作实践，我认为文物保护和文化遗产保护有以下几处不同点。

第一，保护的要素构成不同。文物保护过去是保护文化要素，进入文化遗产保护后，开始保护由文化要素和自然要素共同生成的文化景观，如上文提到的泰山。

第二，保护的物质形态不同。过去文物保护主要是强调静态的遗址保护，如古石窟、古墓葬及万里长城。而文化遗产保护不仅仅要保护静态的遗产，还要保护那些活态的、动态的文化遗产，如人们居住的传统村落。

第三，保护的时间范围不同。过去文物保护更注重古代遗产的保护，文化遗产保护则不再局限于古代遗产，同时也开始注重近代遗产的保护。但是目前很多城市还有诸多限制，如100年前的才可以申报或者50年前的才可以申报。但我们需要知道，历史的链条是不能断裂的，世界遗产也是不设限的。因此，20世纪的遗产与21世纪的遗产都应列入保护之列，为未来要更完整地保护今天。

第四，保护的空间范围不同。过去文物保护更偏向于一座桥、一座塔、一幢古建筑或者古建筑群的保护，进入文化遗产保护后，逐渐意识到我们还要保护那些贯通人类迁徙、商品贸易与文化交流的空间载体的整体保护。比如，大运河与丝绸之路。

第五，保护的建筑形态不同。过去文物保护更偏向于保护宫殿建筑、

寺庙等历史性建筑与纪念性建筑。而文化遗产保护开始注重普通人居住工作地点的保护。比如，传统民居、商业老字号及工业遗产等也纷纷介入保护范围，虽然他们很普通，但寄托着我们的乡愁。

第六，保护的要素形态不同。过去文物保护只保护物质要素，今天文化遗产保护还要注重保护非物质要素。物质要素和非物质要素是不可分割的一个整体，应该统一地把它们保护起来。比如，今天羌族的羌笛、黎族的黎锦、哈尼族的耕作技术、汉族的过年习俗等大量非物质遗产都开始进行保护。

从文物保护走向文化遗产保护，保护的范围、保护的对象都在不断拓展。此后，国家文物局连续六年在无锡召开新型文化遗产保护论坛，并相继发布了一系列文件针对不同遗产进行系统保护。2006 年的工业遗产保护，2007 年的乡土建筑保护，2009 年的文化景观保护，2010 年的文化线路保护，2011 年的运河遗产保护。显然，从文物保护到文化遗产保护的进程正在逐步深化。

四、公众参与是文化遗产保护的重要力量

公众参与是文化遗产保护的重要力量，文化遗产保护不仅是文物工作者的责任，更是每一个普通人需要守望的精神家园。**每一处遗址所揭示出的灿烂的文化及所出土的珍贵文物和这座村庄的历史及居住的村民都可能存在亲缘、血缘、法缘及地缘的关系。**因此，那种认为文化遗产保护是部门行业系统的工作，与农村老百姓没有关系的想法是大错特错的。其实老百姓对于家乡故土，对于我们祖先的创造是非常珍惜的。这里给大家讲述

四个故事，感受全民参与文化遗产保护的重要作用及重大力量。

（一）十万百姓搬离大明宫遗址

盛唐时期，大明宫是中国的政治中心。但是在唐朝末年大明宫被烧毁，慢慢地就沦为一片荒凉的土地。20世纪40年代，黄泛区的老百姓生活不下去了，便从河南逃荒向西走，由于到了西安没有本钱进城，便在北边这片荒凉的土地，即今天的大明宫遗址上，安营扎田生活下来，慢慢越聚越多，居住了十万人。大明宫遗址很大，相当于北京故宫的四倍。

1961年，大明宫遗址被公布为全国重点文物保护单位，因此不能进行城市建设。但上面居住的十万人要生存，而且人们生活条件非常艰苦，几十户居民共用胡同口的一个卫生间，几户居民共用一个水龙头，而且遗址里面人们的收入与遗址外面的收入差距也越来越大。2005年，大明宫最大的宫殿——含元殿遗址得到了保护，保护工程结束验收时，西安市领导查验后非常满意，同时也被盛唐时期的宏大建筑所震撼，并萌生了开发旅游的想法，但是当时这个地方聚居着四分之一以上的棚户区。由此，西安市领导便提出和国家文物局合作，西安市负责拆迁，国家文物局负责遗址的发掘和保护，把大明宫遗址建成一个开放的地区。后来经由认真研讨，我们建议把大明宫遗址打造为国家考古遗址公园并获得了市领导的赞同。因此，我们便对3.2平方千米的大明宫遗址与周围19.6平方千米的范围进行统一规划并设计图纸。在之后的十个月时间里，拆除了覆盖在大明宫遗址上的350万平方米的建筑。同时，由于大明宫遗址就是宫殿区，而非居住区，而且居民在上面居住生活非常困难，便需要疏散当地的百姓。后来，在不到一年的时间里，十万老百姓离开了大明宫遗址。更令人感动的是，当时五个拆迁办公室全都被铺满了居民的感谢信和奖状。人们发自内心地感谢政府，因为在保护文化遗产的同时，注重了他们的生存及生活质量的改善。2010 年，大明宫遗址公园正式开园。

直到今天，大明宫遗址公园已经建成十几年了。回顾总结起来，我的体会就是这项工作"有五得而无一失"。**第一得**，考古遗址得到了全面的保护。公园每天都有专人管理，盗掘现象及违法建设现象都大大减少。**第二得**，城市获得了一个大型的充满文化气息的公园。城市需要这样的公园，不能都被高楼大厦铺满。**第三得**，老百姓得到了真正的实惠。十万老百姓在遗址附近得到了安置，生活质量大大提高。**第四得**，经济得到了促进。大明宫遗址公园建成以后，周边地区人们乐于在这个环境优美的地方进行文化和经济建设，所以形成了一个大明宫遗址经济圈。**第五得**，西安传统文化得到了彰显。人们通过遗址公园能够清晰地感受到这些 13 朝古都积淀的代表西安的历史文化传统。所以大明宫遗址的建设给我印象很深，我们需要这样的城市文化的力量。因此，在后来我们又召开了大遗址保护的高峰论坛，呼吁各地有遗址的城市将遗址建成像公园一般美丽。国家文物局以五年规划为抓手，从全国 33.3 万处古遗址、古墓葬文物中挑选出了 150 处作为代表，建设考古遗址公园，过去那些杂乱无章的遗址在今天也得到了保护和展示。❶

---

❶　中华人民共和国中央人民政府.《国家文物局关于公布第四批国家考古遗址公园名单和立项名单的通知》的解读［EB/OL］.（2022-12-29）［2024-05-06］. https：//www.gov.cn/zhengce/2022-12/29/content_5734107.htm.

（二）陕西宝鸡村民先后主动上交 500 多件青铜器

2003 年 1 月 19 日，陕西宝鸡梅县杨家村的五位农民在生产劳动中取土的时候发现了一个洞，发现里面藏着青铜器。于是他们停下手里的活计，经过商量后他们觉得这是我们祖先的东西，应该把它保护起来交给国家。于是他们保护现场并报告了文物部门。文物部门来了以后通过考古发掘，从洞里面取出了 27 件青铜器，件件都是国宝级文物。在这些文物获得有效保护的几个月后，我们把这五位农民和他们保护下的青铜器一同接到了北京，参加在中华世纪坛举办的中国宝鸡 21 世纪重大考古发现的首展并邀请他们为活动剪彩，感谢他们抢救了文物。等他们回去以后这一消息不胫而走，农民对文物保护的热情被极大鼓舞。后来，奇迹再次发生了！就在 2003 年至 2006 年这四年间，陕西宝鸡又出现了 11 批农民在生产劳动取土时发现了以青铜器为主的文物并主动上交国家，仅青铜器就有 480 多件。后来，我们同样把这 11 批农民又接到了北京，参加在首都博物馆召开的陕西宝鸡农民保护文化遗产成果展。会展期间，农民说我们在自家房子挖出文物上交国家后，政府说要表示感谢，把青铜器取走后给修房子，结果等了一年也没人来修房子。随后，我们便赶快叫工作人员跟当地联系，督促当地政府帮助农民修房子，兑现承诺。农民朋友知道青铜器再值钱再贵重是国家的，要主动上交。政府说要修房子，就不能让农民朋友等。后来便帮助农民朋友把房子修好了，并在人民大会堂召开了表彰大会，向农民颁发证书和奖金。全国的文物工作者代表向他们致以敬意，非常感人！

（三）124名贵州侗族小伙子拼死抢救风雨桥

2004年7月20日，在贵州黎平县地平乡的一个侗族山村有祖先留下的一座风雨桥，风雨桥距离水面有十多米高。一天下午下大雨，上游的雨水一浪一浪滚过来，风雨桥摇摇欲坠。当时村里面怕这个桥倒塌，就用绳子和铁丝来加固，但是根本无济于事。一个巨浪打来，风雨桥就轰然倒塌了。但就在这座桥倒塌的时刻，在场的124名侗族的小伙子纷纷跃入了洪水，拼死打捞风雨桥的构件，从上游的贵州一直打捞到下游的广西，沿途村庄的村民也把上游漂下来的构件收藏起来。因为他们觉得，"我们家乡不能没有风雨桥啊"。之后，政府组织力量用十多天的时间把他们抢救下的风雨桥构件运回了地平县，结果28根大木构件一根都没有少。73%的风雨桥构件又回到了家乡，也因此风雨桥才有可能得以重建。[1]当记者采访这个村里的老人的时候，问到为什么这座桥倒塌的时候，即便没有人组织，这些孩子也要纷纷跃入洪水抢救并因此负伤。老人说：风雨桥就是他们生活的一部分。他们从小就在风雨桥上长大，听老人讲故事，做作业，包括行歌坐月唱侗族大歌《花桥传万代》。风雨桥是他们生命的一部分，风雨桥遇到任何困难他们都会挺身而出。我想**只有我们的老百姓和他们家乡的文化遗产有这样的血肉联系，文化遗产才会更安全**。所以我们拨款把风雨桥进行了重建，重建竣工那天，十里八乡的老百姓像过年一样载歌载舞。

---

[1]　单霁翔．我们的文化遗产应与我们有血肉联系［EB/OL］．（2020-06-07）［2024-05-06］. https://baijiahao.baidu.com/s?id=1668848289909026939&wfr=spider&for=pc.

（四）爱北京城捐城墙砖活动

2001 年，北京火车站要开南站房。结果一调查南站房还有一片还没有拆除的 1.3 千米长的城墙，便想在这里建立明城墙遗址公园，而这需要大量的城墙砖。我们想到，1958 年建北京站时候的一些工棚后来都成了2600 户居民的一个棚户区，而棚户区内有许多之前用作修地铁和盖防空洞的城墙砖被居民用来盖小厨房及小棚子等设施。于是我们便进行整治，呼吁群众把城墙砖捐出来，就发起了一项叫"爱北京城捐城墙砖"的活动。在媒体进行宣传以后引起了强烈的反响。于是，大街小巷的人便开始把他们的小棚子、小厨房拆掉，把城墙砖交给我们用于明城墙遗址修复，几十万块城墙砖回到了原处。有一位叫马忠成的老先生带着他的儿子和孙子非常有仪式感地把他们家的城墙砖送到了遗址原处。有的从通州驮着两块城墙砖走了几十千米把城墙砖送到原处。徐悲鸿先生的夫人——当时近 80岁高龄的廖静文女士也参加了捐城墙砖活动，还有很多市民冒着严寒来到现场。这表明人们对于文化遗产保护的重视。后来，北京市文物局把城墙砖都用在了今天的城墙遗址公园的建设上，明城墙遗址公园也成了北京城市中心的一个开放公园。可以说是古都文化遗产保护的一次壮举。

五、讲好中国故事，各个城市都在努力

今天，很多城市都在努力保护文化遗产，最大限度发挥文化的力量。

（一）福州市三坊七巷

三坊七巷目前已经得到保护。当时三坊七巷已经交给了开发商，开发商开发时已经拆除了一坊两巷。福州市民就纷纷写信到国家有关部门，建议把三坊七巷保护下来，因为这是福州市的根和魂，应该重视。当时我们进行踏勘后了解到它能够改善人们现实的生活，所以开始修复三坊七巷的一些古戏台、古建筑及水榭戏台等，恢复其原有功能。三坊七巷有九处全国重点文物保护单位，包括保护范围和建设控制地带。在列为重点文物保护单位后，开发商开始退出，三坊七巷得到了整体保护，并逐步恢复它的面貌。在此基础上，福州三坊七巷公布为中国历史文化名城的第一批历史文化名城。挂牌以后，大量的民族博物馆、非物质遗产博物馆得以建设开放。一年之后，三坊七巷社区博物馆作为中国南方的第一个社区博物馆挂牌。今天，三坊七巷已成为福州的城市名片，也成为城市的重要文化旅游目的地。**一条历史街区的保护，实际上带动了城市文化的彰显和弘扬。**

（二）浙江安吉生态博物馆

浙江安吉是一个环境非常优美的地方，也是浙江当地历史悠久的地方。这里有100多万亩❶的大竹海，有十多万亩的水系源源不断地给这些植物提供优良的生态环境。因此，安吉生态博物馆建设理念不是建一个高大的馆舍，而是结合19个村庄的传统特色进行综合打造，包括茶文化陈

---

❶ 1 亩 ≈ 666.67 平方米，下同。

列馆、竹文化陈列馆、非物质遗产陈列馆，对这些文物古迹进行文化线路项目的综合开发，充分发挥各个村庄的能量。比如，采摘茶、竹子制品的音乐会、造纸作坊、日常炒茶、做年糕等，充分把握每个村庄自己的特色，把当地老百姓动员起来，为自己家乡的建设，为自己生活的改善不懈努力。经过几年的努力，安吉生态博物馆正式揭牌，并成为践行"绿水青山就是金山银山"理念的一个典范。

（三）北京首钢集团

首钢集团最初停止生产是为了亚运会的举办。在首钢停产前我曾经去首钢调研三次，并把首钢的老工业区作为工业遗产整体保护写进了全国政协的提案。后来北京市便把首钢作为整体的工业遗产进行保护，形成工业遗产园区。首先是对28根大烟囱高炉进行保护，并通过保护和合理利用把它变成一个工业遗产公园。同时，通过景观改造提升，首钢成为许多大型发布会及展览会的发布地。特别是当冬奥组委会进驻首钢以后，给首钢带来了无限活力。高台滑雪场馆、大跳台等冬奥遗产得以有效保留与合理利用，未来将成为各种文化活动和休闲活动的集散地。首钢集团成功地将工业遗产有效保护起来，并把它融入现代生活的各个方面，这是值得许多地方学习借鉴的。我相信，将来首钢每天的接待量将会超过故宫。**500年历史看故宫，100年历史看首钢。未来的首钢，一定会成为北京城市形象的一个典范。**

六、创新宣传，才能有本事讲好中国故事

中华文明具有 5000 年的历史，但是直到现在，还有很多人不知道中国有 5000 年的文明。因此，如何讲好中国的故事，传播中国智慧，将是我国文化遗产保护开发需要不断探索的命题。**我们不仅要有本事做好中国的事情，还要有本事讲好中国的故事。这就需要不断创新传统文化遗产的宣传方式，以全新的理念诠释传统文化。**

（一）充分借助影视的力量

故宫博物院的一个片子《我在故宫修文物》播出后，吸引了 9000 万观众收看。我们和中央广播电视总台共同策划的《国家宝藏》，让一座座博物馆走进了人们的生活。我们和北京电视台出品的《上新了故宫》，让故宫研发的 11 900 种文化产品走进了千家万户。通过多种形式进行传播，扩大媒体声量。比如，和北京电视台合作的节目，通过拍摄 12 集片子，我们走进了首钢，走进了"751"，走进了北京中轴线，走进了故宫，走进了天坛，走进了明城墙遗址公园，走进了什刹海地区，走进了京城水系，走进了运河遗址，走进了菜市口拆迁区，走进了美术馆后街四合院住宅，走进了史家胡同，走进了古建筑蜘蛛寺，走进了模范书局等多处文化遗产。通过"走进去"，来谈今天的城市文化建设和传统文化保护，取得非常好的宣传效果。后来又推出《万里走单骑》节目，我们组成了一个"布鞋男团"，我和小伙伴们每星期走一处世界遗产，通过 12 期节目，探寻杭

州良渚古城遗址、厦门鼓浪屿、福建土楼、湘西老司城等 12 处"隐秘而又伟大"的文明传承地，每一期都带来别样的惊喜。通过节目来探讨这些文化遗产所面临的迫切问题，如福建土楼。福建土楼是世界规模最大的土建筑群，是世界保护遗产。那么，一个可以居住 500 ~ 600 人的大型土楼如何保护？今天面对旅游者的蜂拥而至，如何开展文化旅游？如何用传统工艺技术和传统材料对土楼进行维修？通过节目来让大家共同探讨这些问题。通过这样一个节目，我们一共走了 12 周，受到了社会各界的广泛赞誉。后来，在文化和旅游部、国家文物局、中国共产主义青年团中央委员会、国家广播电视总局及清华大学、中国社会科学院等单位的支持下，我们又推出了第二季，走进了隋唐洛阳城、景德镇御窑遗址、大足石刻、武夷山、古蜀国遗址、庐山、扬州大运河、北京中轴线、故宫等 12 个地点，最后在参加天安门广场的升旗仪式下结束了第二季。

（二）讲好北京中轴线的前世今生

从第三季开始，我们将聚焦于北京中轴线，讲述它的前世今生。北京有一条清晰的传统中轴线，从永定门到钟鼓楼 7.8 千米长。在这条中轴线上，百年间发生了巨大的变化。今天重新审视中轴线上的古建筑群，基本还完整。中轴线两侧对称的格局也基本存在。十多年前，我写了关于推动北京传统中轴线申报世界遗产的提案，主要讲述中轴线申报世界遗产的可能性和意义。7.8 千米的中轴线，从永定门到钟鼓楼。从永定门向北 1500 米是北京生态最好的一片区域，有 300 万平方米的高品质园林，这样的树木在城市大都市里是非常难得的。再往前从天桥到正阳门的 1500 米上，上百年来是商品经济活跃的地方，前门大街仍然是今天北京内城的三大商业中心之一。再从正阳门往前走到故宫午门的 1500 米呈现的是政治面貌，包括人民大会堂、革命历史博物馆、人民英雄纪念碑及毛主席纪念堂。同时一些新的建设也在突出中轴线的地位。再往前 1500 米就是过去的紫禁城，包括故宫和景山两个大型文化机构，所呈现出的文化面貌独一无二。再往前从景山北门到钟鼓楼的 1500 米，是过去商业街及人民居住的环境，包括东边的南锣鼓巷和西边的什刹海地区。**总而言之，中轴线应该是北京城市古都风貌的脊梁，尤其是紫禁城。**

（三）将壮美的紫禁城完整地交给下一个 600 年

过去，我有幸参与了故宫博物院的一些保护工作。从 1994 年到 1997 年，我在北京市文物局任职期间，目睹了一些令人担忧的情景。当时，故宫外侧宽达 52 米的城墙内居住着 400 多户居民和 20 多个单位，这些居民大多是故宫工作人员及其家属，还有一些是从事文物修缮工作的公司。两侧的居民和单位向筒子河排放污水，共有 465 条排污管道，同时垃圾堆积严重，几乎触及水面，导致筒子河水质受到严重影响。面对这种情况，北京市文物局提出了一个愿景："要把一个壮美的紫禁城完整地交给 21 世纪。"通过媒体的广泛宣传及专家的积极呼吁，一项为期三年的整治与搬迁计划得以启动。最终，在 21 世纪到来之前，筒子河恢复了清澈，重现了碧波荡漾的美景。2000 年，我在北京市规划委员会工作时最担心的一件事就是大体量建筑、大规模建筑群侵入故宫的核心景观及中轴线景观里。当时北京市政府采取了两项措施：一是把可能产生大体量建筑及大规模建筑群项目移到四环路附近，于是在西四环建了中关村西区，在东四环建了CBD；二是在故宫和天坛世界遗产周边建设控制地带，绿色管控地区不能建设高楼大厦，25片历史文化保护区扩大到33片历史文化保护区。2012年我到故宫博物院工作，继续进行了三年环境整治。环境整治前，我们喊出一个口号："要把一个壮美的紫禁城完整地交给下一个600年。"通过市内12项的整治，故宫终于实现了人们走进去看到的只有传统建筑，而没有那些影响环境的现代建筑。故宫的开放面积因此扩大，2014年的开放面积第一次突破了50%，2015年达到了65%，2016年达到了76%。三年大整治带来了三年大开放，2018年故宫开放面积突破了80%。❶ 过去很多的非开放区今天变成了展区、展馆和展场。**现在，每天数以万计的中外观众走进故宫博物院，我相信他们一定会感受到它如此之壮美，如此之有尊严，如此之健康。**2020年的12月8日，紫禁城迎来它的600岁生日，我们都格外地兴奋，通过我们和社会的共同努力，我们终于把一个壮美的紫禁城完整地交给了下一个600年。这就是我想讲的关于文化力量的一些故事。

---

❶ 单霁翔. 文化的力量——让文化遗产资源"活起来"［EB/OL］.（2020-06-07）［2024-05-06］. https：//mp.weixin.qq.com/s?__biz=MzA4NTMzNzEzMg==&mid=2652885973&idx=2&sn=bcc7d4b96aa222b80257fa8501b31145&chksm=8585e8af5c8c5c6c6caef90b5756bf099c3d56e8935bfab1e505c7337e9f9c002259a52380ec&scene=27.

第二讲
就业？待业？创业？我们的选择

范　周

2022 年，我们见证了全球经济风云变幻，经历了生活方式和工作模式的剧烈变革。线下活动的暂停、远程工作与远程学习的兴起，以及数字化、智能化技术的快速发展，都在近三年期间得到了前所未有的推动和检验。面对这些变化，青年人不仅要做好心理准备，还需培养相应技能以适应新的生产生活方式。同时，就业市场的变化也在悄然发生，许多企业因经营困难而倒闭或裁员，给即将步入社会的青年人带来了就业和职业发展上的挑战。在这样的背景下，如何作出合理的职业规划、教育选择和生活安排，成为每位青年必须面对的问题，也是整个社会需要共同考虑的议题。6 月，数千万的高考生和大学毕业生将在职业选择、教育追求，甚至

是生活地点上做出重大选择。在这一关键时刻，范周教授及时分析了在社会和时代巨变下，职业、教育和生活选择的重要性，并做出冷静且趋势性的判断。

一、志愿的选择

志愿的选择和填报十分重要。志愿的选择不应该是父母的愿望，让儿女替父母实现自己当年的理想。一个志愿的诞生往往夹杂着个人兴趣、家庭环境、学校美誉度和专业热门度等各个方面的影响。**专业本无"冷""热"之分，要充分考虑社会形态、行业规模、市场需求的阶段性差异，更要对各个专业进行系统了解，而不是去"盲猜"专业的情况。**

2021 年的一项社会调查显示，高考志愿填报中，有 67.7% 的受访者表示不清楚专业的前景和就业的情况，有 50% 的受访者表示不理解专业的含义和学习内容。[1] 在国际化的背景下，20 世纪 90 年代末中国经济迎来了快速发展阶段，国内生产总值在 1998 年突破万亿元，对外贸易作为推动经济增长的重要动力之一，与投资和消费一起被称为拉动中国经济增长的"三驾马车"。随之而来的是行业的变化，电视、媒体、动画、报纸和艺术设计等产业的需求量越来越大。在此情况下，国家教委调整修订 1998 年

---

[1]　孙山 .86.3% 受访者坦言填报志愿让自己感到困扰［EB/OL］.（2021-06-23）［2024-05-06］.https://t.m.youth.cn/transfer/index/url/news.youth.cn/jsxw/202106/t20210623_13043603.htm.

的专业目录，共设置了 11 个一级门类、71 个二级门类、249 种专业❶，中国经济发展开始进入国际化的快车道。在此之前，全国高校专业布点共有 11135 个，专业集中分布在电子信息类、经济学类、机械类、工商管理类、外国语言、文学和艺术类，专业布点最少的是天文学，仅有 3 个。

第一，时代的进步和经济的发展促使专业发生此消彼长的变化。1999—2009 年，中国高校的专业布点增长最多的四个门类是工学、文学、管理学和理学，占总增加专业布点的 81.2%，其中工学的就业率、工资待遇是最好的。进入 21 世纪，产业结构比重开始发生变化，第四次科技革命吹响的弯道超车的号角能不能够实现？现在大家经常提到一个词叫作"换道超车"，在数字化的背景下，有些弯道是同样的质量，而现在出现了质量的差异。我国量子传输、AI 技术、人工智能、数字化、智能化的程度越来越凸显，这也就推动大数据涉及的经济领域方向成为热门专业。

第二，行业的迭代往往导致专业的细分。专业需求程度发生了变化，就导致同一个学科内的专业设置呈现出垂直化、精准化的特点。例如脑科学，最初是两到三个学科混合形成的交叉学科，而现在脑学科已经成为一个独立的学科。2022 年 2 月，教育部网站公布了 2021 年普通高校本科专业备案和审批，新增了 1961 个专业、188 个审批专业点，同时撤销了 804

---

❶　教育部关于印发《普通高等学校本科专业目录（1998 年颁布）》《普通高等学校本科专业设置规定（1998 年颁布）》等文件的通知［EB/OL］.（1996-07-06）［2024-07-09］.https：//law.lawtime.cn/d620717625811.html.

个专业。❶ 共有 30 个新专业列入高等院校本科专业目录，新增的 31 个专业中，新工科专业最多，涉及了 12 个专业能力的 14 个具体的专业。新增专业点中，人工智能专业的数量最多，为 95 个。由此可见，人才培养和产业的发展是配套进行的。

第三，技术变革与市场需求的倒逼之下，不同的学科之间的边界开始弱化、融合。 2020 年，教育部印发《国务院学位委员会教育部关于设置"交叉学科"门类、"集成电路科学与工程"和"国家安全学"一级学科的通知》，"交叉学科"门类成为我国第 14 个学科门类，下设两个一级学科，同时允许各高校自主设置交叉学科专业，按照二级学科管理。❷ 在 2021 年公布的名单中涉及 455 所高校，5669 个二级学科和交叉学科，其中自设二级学科 5053 个，交叉学科 616 个。❸ 交叉学科的出现使高中时代的文理分科对未来专业选择具有直接影响的情况发生了改变，更多具备复合型知识背景的学生有了更加广阔的发展空间和更多的职业选择。因此在填报志愿的时候可参考院校自主设立的特色交叉学科。

考生填报志愿时会面对"选专业还是选学校"的难题。"名校情结"

---

❶ 中华人民共和国教育部 . 教育部公布 2021 年度普通高等学校新增和撤销本科专业名单［EB/OL］.（2022-02-24）［2024-05-06］.http：//www.moe.gov.cn/jyb_xwfb/gzdt_gzdt/s5987/202202/t20220224_602160.html?eqid=ba06b4b70015e8ab000000066464b998.

❷ 中华人民共和国中央人民政府 . 国务院学位委员会教育部关于设置"交叉学科"门类、"集成电路科学与工程"和"国家安全学"一级学科的通知［EB/OL］.（2021-01-14）［2024-05-06］.https：//www.gov.cn/xinwen/2021/01/14/content_5579799.htm.

❸ 中华人民共和国教育部 . 学位授予单位（不含军队单位）自主设置二级学科和交叉学科名单［EB/OL］.（2021-11-12）［2024-05-06］.https：//zwfw.moe.gov.cn/dynamicDetail?id=71c8c07552de4162ba9d8151fb374608&title=1.

似乎是一个怎么也绕不过去的词，读名校不是一锤子买卖，不等于安逸终生，能不能读取决于过去的学习能力，能不能有所成就更要看未来的努力和机遇。小时候我们可能都被问过"将来你想上清华还是上北大"。曾有这么一个新闻，新生儿出生病房用高校命名，当时引得一片哗然，"一出生就要进清华北大"居然成为现实。所以到报志愿的时候，"985/211/c9/双一流"就是硬指标。

我们真的能在千挑万选中找到那个完美志愿吗？"德尼摩定律"讲，凡事都应有一个安置所，一切都应在它该在的地方。比起高考的分数，你填下的志愿、做出的选择，往往更是命运的巨变。**最合理的办法应该是在更多的教育的载体当中，能找到你自己最适合的那一款**。志愿摆在你面前，多关注一些行业发展信息，多考虑一点自己的志向兴趣，多倾听一些内心的声音。

在今天，我们该如何看待职教？我们是否还要抱有偏见？国家职业教育法迎来了新的修订，提出了职业教育和普通教育有着同等重要的地位。自 1996 年以来，全国有上万所职业技术学校，有近千万的人在职业技术学院当中学习，目前高中总数中 57% 的同学要进入职业技术学校学习。因此培养适应国家发展战略的、全新的高素质技术和技能人才，是一件意义非凡的事情。

从专业设置来看，执教专业与产业发展的契合度不断地提高，在教育部有专门的这方面的目录，根据学科设置的 1349 个专业当中，中职专业、高职专业和职教本科专业目录调整分别达到了 61.1%、56.4%、260%。❶从行业来看，先进制造业、新能源、新材料、现代农业、现代信息技术、生物技术和人工智能，没有哪一个能离开职业技能。

从市场需求和前景上来看，未来高级职业技术人才的缺口是非常大的，缺口率在 90% 以上。因此不管对一线还是新增的从业人员，还是 70%以上来自职业技术学院的专业型技术人才，都要有一个全新认知。另外，我国《制造业人才发展规划指南》显示，到 2025 年，中国制造业十大重点领域的人才缺口将达到 3000 万，缺口率达到 48%。❷人力资源和社会保障部统计，到 2020 年年底，我国技能人才占就业总人口 26%❸，随着技术的不断发展，专业技能人才在求职中的需求是呈倍数在增长的。即使如此，**为什么大家不愿意去读这种技能性的学校？而在国外却呈现出相反的情况。所以在填报志愿的时候，更需要的是把志愿和未来实际的就业结合在一起进行综合考虑。**

❶ 中华人民共和国教育部.教育部全面修订职业教育专业目录［EB/OL］.（2021-03-23）［2024-05-06］.http：//www.moe.gov.cn/jyb_xwfb/xw_zt/moe_357/2021/2021_zt04/zcfb/zyml/baodao/202103/t20210323_521948.html.

❷ 中华人民共和国工业和信息化部.三部委关于印发《制造业人才发展规划指南》的通知［EB/OL］.（2017-02-24）［2024-05-06］.https：//www.miit.gov.cn/zwgk/zcwj/wjfb/zh/art/2020/art_ee8da19162f744da9a064c0a09339888.html.

❸ 中华人民共和国中央人民政府.我国技能劳动者超过 2 亿人［EB/OL］.（2021-03-19）［2024-05-06］.https：//www.gov.cn/xinwen/2021-03-19/content_5593804.htm.

二、97 类行业，1838 个职业，是什么让你对"它"情有独钟

行业的选择，不仅是填志愿时的一次决定，也是一种人生的规划。俗话说，"三百六十行，行行出状元"。社会发展带来社会分工的日益精细化，根据我国最新实行的《国民经济行业分类》和《中华人民共和国职业分类大典》，我国纳入国民经济统计范围内的有 97 类行业，涉及 1838 个职业。[1] 从专业与行业的关系来看，在 14 个学科门类中，工学、医学、农学和教育学这些学科门类的专业设置大都有较明显的行业应用倾向。从职业和专业的相关性来看，大部分专业与职业存在 1 对多的关系，也就是 1 个专业的学习可以满足多个职业的需求。但实际情况是，**学与用的一致性是一种理想状态，在个人兴趣偏好拓展较为容易、社会发展变革速度加剧和各行业融合性特征越发明显等基本条件下，"学非所用"的情况更为普遍。**

抛开人生理想等不可量化衡量的因素外，收入薪酬是每个人做出行业及职业选择判断上最重要的因素之一。因此，对各个行业的消费及收入有所了解是十分必要的。数字化、信息化高速发展的背景下，专业人才供不应求，在线消费日趋旺盛，催生了庞大的互联网服务市场，这些综合因素都使得 IT 行业的薪酬近年来保持了较高的增速。从毕业生的薪酬来看，工学专业持续领先，排名和涨幅均居首位。根据麦可思研究院 2019—2021

---

[1] 国家统计局. 国民经济行业分类（GB/T 4754—2017）[EB/OL].（2017-10-17）[2024-05-06].https：//www.stats.gov.cn/xxgk/tjbz/gjtjbz/201710/t20171017_1758922.html.

届大学毕业生培养质量跟踪评价，工学毕业生在工作三年和工作五年的月收入均领先于其他学科，三年后的平均月收入为9748元，五年后破万元（11 778元），其薪资涨幅分别达到78%、152%。其中，计算机类专业包括信息安全、软件工程、计算机科学与技术、网络工程、物联网工程和数字媒体技术等热门专业，且这些专业均跻身高薪专业前列，2021届毕业半年后月收入都超6300元。值得一提的是，自2014届开始，信息安全连续八年成为本科主要专业中月收入最高的专业，薪资也一路上涨，从2014届的5026元，升到2021届的7439元，起薪涨幅达48%。[1]

在此阶段，薪资和行业的不匹配的情况也时有发生，**影响薪酬变化的因素除了行业自身发展情况外，还与社会观念和舆论环境有关。**改革开放初期，"搞原子弹不如卖茶叶蛋，拿手术刀不如拿剃头刀"的论调一时喧嚣日上，这是在市场经济刚刚兴起，百业待兴之时，市场大潮下"一切向钱看"的观念导向和没有及时用政府宏观调控手段引起的社会争论。

1985年，人均工资最高行业是建筑工人，一个月是1827元，而科研和机关单位的文教行业的收入是1200元到1300元，知识分子的收入低于劳动者的收入。进入21世纪，科学研究和技术服务业收入得到大幅提升，科研单位的收入已经远远地超过了当年建筑工人的收入。在2010—2018年互联网流量至上的时代，"流量明星"的天价片酬又引发了一场对行业与薪酬收入匹配程度的讨论。有专家说：一定要给年轻人树立正确的人生

---

① 数据来源：麦可思研究院（http://www.mycos.com.cn/En/）。

观，把高薪留给一些科研人员，不要让年轻人一味地去崇拜演艺明星。天价片酬也是在观众和市场的推动下出现的极端的情况，这都是极其不合理的。

从职业选择上来看，多元化一定是未来的一种大趋势。在求稳的心理下，我国的公务员考试资格审查突破了200万，而实际录入人员才3万多人。考公的趋势非常明显，2021年报考公务员的本科生中，女生占比63%，远高于男生的37%。同时，青年群体的创业热情依然不减。在中国人民大学的调查中显示，除了公务员的就业意愿上升之外，还有27.5%的被调查者有自主创业的意愿。❶因此，国务院《政府工作报告》中提到，促进创业投资发展，深入开展大众创业、万众创新，增强双方平台的服务能力。在增强创业，带动就业的背景下，不少城市也开始积极地响应创业型城市的创建工作，积极出台有利政策以留住人才。这不仅涉及经济发展水平，更与城市就业环境的持续完善及生活幸福指数的提高有着密切关联。

创业是一个孵化的过程，需要资金、人才的支持，也需要社会的信心和耐心。职业的选择是无须设限的，选择适合自己的职业就可以。目前工学、医学、农学和教育学这些学科门类中的设置都有明显的行业的应用前景。但是，如今学非所用的情况也是非常普遍的情况，《2021Z世代职场现状与趋势的调研报告》显示，对新时代的青年人来说，就业已经不再拘泥

---

❶　数据来源：麦可思研究院（http://www.mycos.com.cn/En/）。

于传统的行业。从事视频博主工作的人占比 19%，电商主播占比 13.8%，菜品体验官占比 12.6%。[1] 由此说明，自我价值的探索并不是一蹴而就，多一些尝试是可以的。

但是尝试之后也要慎重考虑，我们是否真的需要那么多的博主？最近国家广播电视总局对网络主播行为提出明确规范：医疗卫生、财经、金融和法律教育等需要较高专业水平的网络主播，须取得相应的执业资质，依法持证上岗。

三、工作是工作、生活归生活，你的理想居所在哪里

我们在选择城市的时候，实际上是在寻找一个能够提供良好就业机会和个人发展前景的地方。**传统意义上讲，就业行为的区域化特征，往往与该地区的整体发展活力和潜力紧密相关。**改革开放以来，中国经历了前所未有的快速城镇化进程，许多城市的人口规模和经济总量都得到了显著增长。然而，并非所有达到城市化率基本条件的城市，都能提供高品质的生活环境和完善的公共服务。有些城市的基础设施、教育资源、医疗保障等方面仍有待提升，这直接影响了居民的生活质量。

因此，中国区域经济发展本质上是空间层面上要素的流动与资源配置过程，而人口在空间层面的流动又进一步形成了城镇化的主要推动力与根

---

[1] 2021Z 世代职场现状与趋势的调研报告［EB/OL］.（2022-05-16）［2024-05-06］. https://www.sohu.com/a/547499694_121094725.

本特征。于是，城市被打上了"机会多、收入高、环境好"的标签。整个城市的"大校园"，包括城市的博物馆、艺术场所和特色历史文化等资源都是可学习可研究的部分。超一线城市、一线城市中高等院校较多，而这些院校的学科、专业和资源也是同学们可直接得到的学习机会。另外，**城市的特质也是选择时的重要因素，因为每个城市都是有温度的、有性格的、有表情的，是有自己的脾气的。**

根据麦克思研究院多年来进行的《中国本科生就业报告》表明，2021 年平均每 10 个本科毕业生里，就有 2 个在长三角、2 个在珠三角、2 个在环渤海地区工作❶，这些地区是中国经济最为发达的区域之一，包含了北京、上海、广州、深圳、杭州、苏州、南京等大多数的新一线城市。与之对应的，乡村逐渐成为区域经济发展薄弱的地区，"空心化"现象越加严重。近年来脱贫攻坚、乡村振兴战略的提出，乡村地区的发展潜力才逐渐被发现。

近年来，应届毕业生前往新一线城市的就业意愿不断增强。本科毕业生选择在新一线城市就业的比例从 2016 届的 23% 上升到 2020 届的 27%。高校毕业生和网民评选的 2022 首选十大城市排名日前公布，入选的城市分别是上海、北京、深圳、广州、杭州、成都、南京、武汉、重庆及西安，除北上广深外，其余六座都属于发展潜力巨大的"新一线城市"。

其中杭州以发达的数字经济、优待的人才政策，吸引了各类相关产

---

❶　皮书数据库 .2021 年中国本科生就业报告［EB/OL］.（2021-06-01）［2024-05-06］. https://www.pishu.com.cn/skwx_ps/bookdetail?SiteID=14&ID=12501799.

业人才。据猎聘发布的《2020 中国互联网行业中高端人才报告》，从 2018 年到 2020 年，杭州是互联网行业高端人才净流入率排名第一的城市。❶ 2020 年，20 名"饿了么"蓝骑士通过了阿里本地生活大学的培训与考试，获得"网约配送员"职业技能等级认定初级证书，成为全国首批拥有职业技能等级证书的外卖骑手，享受政府培训补贴、杭州市积分落户加分、个人所得税专项抵扣等一系列技能人才政策。

从我国城市数量的统计来看，超一线城市、新一线城市、省会城市、计划单列市的数量在 40 个左右，但我国地级和县级市的数量有 2000 多个。❷ 本科生到地级市和县城就业的比例逐年增加，总比例甚至超过了一半，2016 年是 50%，2018 年是 53%，到 2020 年上升到了 56%。❸ 也就意味着毕业生下沉到四、五线城市找工作是比较普遍的，而在这些城市中不乏一些经济发达地区的小城市。

近日，浙江省丽水市遂昌县发布了一份人才引进名单，招收的 24 个基础工作岗位的入围人员均来自国内知名大学，如中国科学技术大学、复旦大学、浙江大学、上海交通大学等，其中包括 4 名博士，19 名硕士，1

---

❶ 猎聘发布 .2020 中国互联网行业中高端人才报告［EB/OL］.（2020-09-02）［2024-05-06］.https：//www.donews.com/news/detail/8/3110667.html.

❷ 新浪财经全国重点城市市辖区数量大揭秘，"县改区"适合所有城市吗［EB/OL］.（2020-11-01）［2024-05-06］.https：//baijiahao.baidu.com/s?id=1682153917979309347&wfr=spider&for=pc.

❸ 数据来源：麦可思研究院（http：//www.mycos.com.cn/En/）。

名本科。❶另外，广东和平县发布了 2022 年引进高学历人才公告，计划引进 82 名师范、工程等专业的高校毕业生，结果最终收到 810 多份报名表，从学历层次看，博士 31 名，硕士 700 多名。❷

以上是初次就业的情况。一般而言，工作 3 ~ 5 年会迎来二次就业的窗口期，究竟是留在毕业时选择的城市继续奋斗，还是换个城市，寻找新机遇？二次就业，"性价比"才是王道。各项指标中，最重要的是租房成本与通勤时间。超一线城市的房租与物价是压在每个人身上的稻草，也是影响生活幸福感最重要的因素之一。因此越来越多的人期待的就业城市环境是"收入高、房租低"。同时，户口问题也是一个关键原因，北京、上海竞争激烈、落户难与新一线开放和拥抱人才的姿态相比，新一线城市成为很多人的向往之地。

《2021 年中国本科生就业报告》中的数据显示，2014 届、2015 届的本科生毕业后在一线城市工作的，经过 5 年的摸爬滚打后，有约三成选择了离开。首都北京是北上广深中年轻人离开比例最高的超一线城市。❸

其实无论读书还是就业，都像是坐高铁，最终还是要下车，要过寻常日子寻找自己的"小确幸"。留在城市还是去往他处，都需要综合考虑自

---

❶　数据来源：中共遂昌县委组织部遂昌县人力资源和社会保障局（http://www.suichang.gov.cn）。

❷　澎湃新闻 . 广东和平县拟引进 82 名高学历人才，硕博申请者已有七百多人［EB/OL］.（2022-02-09）［2024-05-06］.https://baijiahao.baidu.com/s?id=17242619082184741022&wfr=spider&for=pc.

❸　皮书数据库 .2021 年中国本科生就业报告［EB/OL］.（2021-06-01）［2024-05-06］.https://www.pishu.com.cn/skwx_ps/bookdetail?SiteID=14&ID=12501799.

己的实际情况，考虑城市发展与个人的适配度，适合自己的才是最好的。

四、不了解时代，就可能被时代淘汰

志愿、行业、城市，是三个相对具象的视角，接下来这一部分更多关于我们和时代的关系。理解读懂专业、了解就业，首先必须理解时代。对于"朝阳产业"和"夕阳产业"的讨论似乎从未停止。面对当下空前"内卷"的就业市场，我们究竟应该以什么样的姿态入局？除了关注就业率、薪资水平、专业匹配度等微观标准，我们更要了解经济社会发展的宏观背景，具备应势而谋、因势而动的能力。

第一，世界在变化，全球化和国际化进程受到特殊公共卫生事件的显著影响。在这种背景下，中国的经济发展不能孤立进行，必须适应全球的新形势，与其他国家紧密合作，共同应对挑战，实现可持续发展。

第二，技术在变，技术的跃迁速度大幅提升。从 1G 出现到 2G，用了 15 年；从 2G 到 3G，用了 10 年；从 3G 到 4G，用了 5 年。如今，以 5G 通信技术和通用人工智能技术（AGI）为核心的第四次产业革命快速兴起。人类正一步步从机器的"桎梏"中解放自我，数据、信息、知识成为最高生产力。

"计算不再只和计算机有关，它决定我们的生存。"美国学者尼葛洛庞帝在其 1996 年出版的《数字化生存》一书中做出的犀利洞见，已经成为现实。数字化时代，借助无处不在的终端信息获取装置，我们对信息的接受度大幅提高，数据处理的算力明显提升，云端存储的能力显著增强。

第三，自然环境在变，人类活动导致的气候变化持续而深刻。 19世纪以来，人类活动与碳排放导致全球气候剧烈变暖，全球平均气温升高了0.8～1.3℃，且在当前碳排放下，21世纪末期将提高至2.1～3.5℃。[1] 作为世界第二大经济体、全球最大工业国，我国实现"双碳"目标本身就是一场广泛而深刻的变革。碳中和进程中，世界经济发展将从资源依赖型向技术依赖型转变；目前家庭消费占到二氧化碳排放总量的65%以上[2]，"双碳"背景下，这一代人的生活方式可能会发生根本变化。**随之而来的，产业、行业、职业和就业市场的变化，体现在就业载体、就业形态、劳动者素养和就业技能要求等方面。**

数字时代，我们做好被机器替换的准备了吗？

如今，互联网平台成为重要的就业载体。根据中国信息通信研究院测算数据，2018年中国数字经济领域就业岗位达到1.91亿个，占全年就业总人数的24.6%。其中数字产业化领域就业岗位达到1220万个，产业数字化领域就业岗位达到1.78亿个。[3] 工作时空的灵活性改写了就业形态，尤其是2020年以来，远程办公、弹性工作制成为"标配"。2021年12月，

---

[1] 绿色中国. 全球气候变化对森林的影响与启示［EB/OL］.（2022-06-02）［2024-05-06］. https：//baijiahao.baidu.com/s?id=1734493281626318277&wfr=spider&for=pc.

[2] 刘俏. 家庭消费占二氧化碳排放65%以上，碳中和意味着生活方式发生根本变化［EB/OL］.（2022-02-28）［2024-05-06］.http：//news.sohu.com/a/525999990_100299860.

[3] 中国信息通信研究院. 中国数字经济发展与就业白皮书（2019年）［EB/OL］.（2019-04-01）［2024-05-06］.http：//www.caict.ac.cn/kxyj/qwfb/bps/201904/t20190417_197904.htm.

我国在线办公用户规模达到 4.69 亿，占网民整体的 45.4%。[1] 与此同时，新兴业态打破了传统就业对一岗一人的固定限制。中国人民大学中国就业研究所发布的《数字文化产业就业报告（2020）》显示：直播、网络文学、游戏、电竞等相关行业涉及全职和兼职就业总人数约为 3000 万人，其中全职就业 1145 万人[2]，已超过国家统计局公布的传统文化产业就业的 2789 万人。"斜杠青年"成为更多年轻人的一种职业选择，甚至成为一种生活态度。

在这个过程当中应该思考的是，究竟是"机器换人"，还是"机器唤人"？

我国已经连续 8 年成为全球最大的工业机器人消费国，工业机器人应用领域已经覆盖汽车、电子、冶金、轻工、石化、医药等 52 个行业大类、143 个行业中类，服务机器人、特种机器人在仓储物流、教育娱乐、清洁服务、安防巡检、医疗康复等领域实现了规模化应用，"机器换人"进程在不断推进。

同时，新老业态交替加速岗位的淘汰现象也更加突出。部分劳动力密集型行业将会由于产业的创新升级受到严重冲击，继而引发一定规模的失业现象。比如，电子商务行业的发展引发了传统商品交易市场的衰落，传统商品交易市场就业人数占批发零售业就业总人数比重从 2007 年的 33.0%

---

[1] 中国互联网络信息中心.第 49 次《中国互联网络发展状况统计报告》[EB/OL].（2022-02-25）[2024-05-06].https：//www.cnnic.cn/n4/2022/0401/c88-1131.html.

[2] 数据来源：中国人民大学中国就业研究所（http：//www.cier.org.cn/ShowNews.asp?ID=995）。

逐年下降，到 2018 年已不足 18.0%。❶ 随着智能技术影响的进一步深化，其对我国居民就业的影响将会持续强化。据麦肯锡预测，到 2030 年，中国将至少有 1.18 亿人被人工智能或机器人替代，另外有 700 万~1200 万人转换职业。❷

2017 年，京东集团采用了智能分拣机器人代替 86% 的人工分拣，开启了智能物流的新时代，但京东物流的员工却从 2018 年的 9.5 万人增长为 2021 年的 31.6 万名，其中一线员工超 30 万人。❸ 以 AI 技术提升平台运营效率和订单量，就业岗位不降反升。**在弱人工智能时期，机器淘汰的是落后的产业、一成不变的思维，认知思维的高度将决定我们是创造价值还是被替代。**

因此，在现代性冲击、技术裹挟、环境变化之下，人类对于自身健康和生命意义的追求也在不断向前。华大集团 CEO 尹烨认为，目前我们处于"生命时代"，将融合物理世界、信息世界和生命世界，构建一个全新的生命世界。如今，现代生物技术逐渐走向人类舞台中心。

十年后，哪个领域会火得一塌糊涂？有点可惜的是，我们都缺少一双能够洞穿十年的眼睛，但这不代表我们就得随波逐流。作为家长，我们的

❶ 江苏省数字经济协会.数字经济的就业创造效应与就业替代效应探究［EB/OL］.（2023-07-10）［2024-05-06］.https://www.jsde.org.cn/sys-nd/305.html.

❷ 中华人民共和国国家发展和改革委员会.数字经济的就业创造效应与就业替代效应探究［EB/OL］.（2022-06-02）［2024-05-06］.https://www.ndrc.gov.cn/wsdwhfz/202206/t20220602_1326795_ext.html.

❸ 东方财富网.京东物流 ESG 报告：让 31.6 万员工从"就业"到"乐业"［EB/OL］.（2022-06-06）［2024-05-06］.https://finance.eastmoney.com/a/202206062402848171.html.

考虑是否周全，是否深远？作为青年，我们是否做好了与时代一同成长的准备？从步入大学开始，我们要花 4 年，或者 7 年，或者 11 年的时间读书，在这期间，我们如何培养自己的判断力与竞争力？愿孩子们能在实践的大地上，在"高精尖"里寻找"新奇特"，而不要让当下的"热门"模糊了双眼。

五、转"危"为"机"的能力，你具备吗

时代没有赋予我们的，需要我们自己去创造。我们如何认识和处理"危"与"机"？2005 年，新东方在线教育才正式成立，上线第一年就实现 600 万～ 700 万元的营收。[1] 2021 年，"双减"政策出台后，新东方在线宣布关闭公司 K9（即幼儿园至九年级）阶段的教育业务。12 月 28 日，新东方在抖音正式推出"东方甄选"直播平台，后面的故事大家就都知道了，**董老师火了。那些惊天动地的创举，总是在悄无声息中掀起波澜，"危"与"机"有时也只是在一个转念之间。**回望 2003 年"非典"时期，中国互联网发展也迎来了新的机遇，中国共有上网计算机 3089 万台，上网用户数 7950 万人，而 2002 年分别为 2083 万台和 5910 万人。[2] 一场"非典"，

---

[1] 新浪财经.非典复盘：哪些行业逆袭了？[EB/OL].（2020-02-08）[2024-05-06].https://baijiahao.baidu.com/s?id=1657931719010109521&wfr=spider&for=pc.

[2] 个人图书馆.非典之后，再战肺炎，2020 年将成中国互联网新节点！[EB/OL].（2020-09-24）[2024-05-06].http://www.360doc.com/content/20/0924/01/71695030_937299111.shtml.

催生了电子商务、旅游平台、在线教育等行业的兴起，新浪、搜狐和网易三大信息门户网站均在这一年实现了上市以来的首次全年盈利；起点中文网开始探索付费阅读；无数人选择在网上投简历找工作，前程无忧当年的网络招聘服务收入增长了166%，2003年完成赴美上市。

再看当下，国内经济发展面临多年未见的需求收缩、供给冲击、预期转弱三重压力，经济下行压力对社会各行业的影响仍在持续。部分行业企业用工需求减少，企业稳岗压力有所加大。

在全国企业破产重整案件信息网上，查询自2021年年底后两年半时间里的企业破产案件，数量为16万件。而向前追溯两年半，从2017年年中至2020年年底，破产案件只有3万出头，两者相差五倍。仅2021年一年，就有46万家企业倒闭310万家个体户注销。[1]尤其是批发零售、住宿餐饮、交通旅游等行业复苏缓慢，恢复招聘需求还有一个过程。对毕业生群体而言，2022届高校毕业生规模首次突破千万，增量增幅均创新高。与此同时，**往届生考研、考公人数激增，"二战""三战"现象普遍，"慢就业"和待就业的人数不断累加。**

2022年全国硕士研究生报考人数约457万人[2]，较上年增长80万，同比增长21.22%，而实际招生人数约110万人。再加上留学回国人员和往届

---

[1] 数据来源：全国企业破产重整案件信息网（https://pccz.court.gov.cn/pcajxxw/index/xxwsy）。

[2] 中华人民共和国教育部.2022年全国硕士研究生招生考试准备工作就绪［EB/OL］.（2021-12-22）［2024-05-06］.http：//www.moe.gov.cn/jyb_xwfb/gzdt_gzdt/s5987/202112/t20211222_589176.html.

未就业毕业生，青年就业总量压力持续加大。

也是在这种环境下的催生下，"灵活就业"越来越火。根据国家统计局披露的数字，截至 2021 年年底，中国灵活就业人员已达 2 亿人。全中国的就业人口 7.5 亿，灵活就业居然已经占了总就业人口的近 1/3。2020届全国高校毕业生的灵活就业占比 16.9%，2021 届高校毕业生灵活就业占比 16.25%。其中在 2020 年毕业的本科生中，清华大学、华东师范大学的灵活就业比例均超过 10%。❶

有人说，灵活就业就等于下岗失业，这是真的吗？我国对非正规就业、非标准就业等概念统一使用"灵活就业"的表述，它既包括正规部门的非全日制、临时性、季节性、弹性工作用工，也包括小微企业、家庭企业和劳动者个体等在非正规部门的就业。

作为一种政策概念，灵活就业提出的时间较晚，但实际上它贯穿于经济发展的全过程：从农业经济时代的零工劳动，到工业经济时代的灵活就业，再到数字经济时代的新就业形态，不同经济社会发展时期有不同的表现，当前灵活就业岗位主要集中在"蓝领"岗位。

21 世纪以来，以互联网为依托的平台经济模式广泛应用，进一步催生了打破时空边界的灵活就业新特征。第三产业中也存在大量的灵活就业人员。他们是新时代的"数字游民"，他们宅在家搞创作，写小说、做游戏、做后期，通过兼职获得了更多充实感。从政策引导来看，2019 年至 2022

---

❶ 2 亿人：谁在灵活就业？哪些工作岗位最"灵活"？［N］.新京报，2022-04-27.

年，国务院《政府工作报告》连续 4 年提及"灵活就业"。政策从支持发展新就业形态、拓宽灵活就业发展渠道向加大对灵活就业人员的权益保护转变，进一步促进了灵活就业的发展。例如，在《"十四五"数字经济发展规划》中，对灵活就业人员的工伤保险、社保等权益进行完善，同时推进灵活就业人员的住房公积金试点。但问题依然存在，灵活就业者"不稳定生产"的特征制约了其职业发展的可持续性。长期以来我国的劳动者权益保障制度主要是针对稳定雇佣关系设计的，灵活就业者由于劳动关系的短期性、多样性和复杂性常常被排斥在制度保护之外，尤其是在以平台主导的新就业形态下，劳动关系已呈现多重化、虚拟化特征，使相关从业者的劳动权益保障缺失问题越加凸显。

一方面，鼓励灵活就业是时代发展的必然趋势，但推动高质量就业少不了制度设计与人文关怀，对待每一种职业和从业人员，我们都应该少一分歧视，多一点关怀。另一方面，人们的日常需求经历了一段被压抑的过程，但这也促使了新的产业形态和消费模式的形成与发展。**一是口罩制造业在过去几年里经历了显著的增长**。2020 年，共注册口罩相关企业 15.6 万家，同比增长 468%。2021 年口罩企业增速放缓，而增量继续上涨，共注册相关企业 24.1 万家，同比增长 54%。❶ **二是预制菜市场迅速崛起**。2022年 4 月，与预制菜概念相关的多家上市公司股价接连涨停，2021 年中国

---

❶　企查查 .2021 年口罩企业注册量同比增长 54%，山东、广东、浙江口罩企业数量排名前三［EB/OL］.（2022-01-28）［2024-05-06］. https：//www.360kuai.com/pc/9840900709ea3a35b?cota=3&kuai_so=1&tj_url=so_vip&sign=360_57c3bbd1&refer_scene=so_1.

预制菜行业规模为 3459 亿元，预计 2026 年预制菜市场规模将达 10 720 亿元❶，预制菜行业将成为下一个万亿元市场。**三是腾讯会议运用广泛。**腾讯会议推出两个月内，日活跃账户数即超过 1000 万，国际版 VooVMeeting 已经在全球超过 100 个国家和地区上线。❷ **四是家庭清洁护理市场持续扩大。**中国家庭护理市场从 2016 年的 955 亿元增长至 2019 年的 1108 亿元，年均复合增长率达 3.65%。❸ 还有智能安防、无人配送、在线医疗、在线教育、云演艺……

与此同时，重点行业的人才需求在扩大，部分相关职业的供给也有所增加，新的职业也层出不穷。猎聘大数据研究院发布《2022 未来人才就业趋势报告》显示，人工智能领域 2019 年新发职位同比增长 13.96%，2020 年同比增长 28.12%，2021 年则较 2020 年同比增长 51.39%；生产制造行业 2019 年新发职位同比增长 32.88%，2020 年新发职位同比增长有所放缓，为 12.20%，但仍在上升，2021 年同比增长 38.73%。❹

2022 年 6 月 14 日，人力资源和社会保障部向社会公示机器人工程技术人员、增材制造工程技术员、数据安全工程技术人员、数字化解决方

❶ 中国预制菜市场仍有较大扩容空间［N］. 证券时报，2023-02-10.

❷ 腾讯首次公布：在远程办公和在线教育领域布局专利超千件［N］. 经济日报，2020-04-26.

❸ 中商情报网.2022 年中国家庭清洁护理行业市场现状及发展前景预测分析［EB/OL］.（2021-12-08）［2024-05-06］.https://baijiahao.baidu.com/s?id=1718548474517056205&wfr=spider&for=pc.

❹ 北青网.2022 未来人才就业趋势报告：人工智能人才平均年薪最高［EB/OL］.（2022-05-30）［2024-05-06］. https://www.360kuai.com/pc/9ede53241a5106c21?cota=3&kuai_so=1&sign=360_57c3bbd1&refer_scene=so_1.

案设计师、数据库运行管理员、信息系统适配验证师、数字孪生应用技术员、商务数据分析师、农业数字化技术员、民宿管家、家庭教育指导师、研学旅行指导师等 18 个新职业。对于个体而言，我们的就业观也要发生变化，既要冷静看待突发公共事件，也要端正就业态度，及时调整心理预期。我想对经历行业洗牌甚至是裁员的孩子们说：**请在等待中充实，在充实中尝试；波动期也可以是冷静期、充电期，读书、学习、看不同的风景，你的经历都会是你的加分项。不要把一次困难当作人生的哀歌的前奏曲。**

1929 年，杜威出版了《确定性的寻求》这本书。翻开首页，迎面而来的是："人生活在危险的世界之中，便不得不寻求安全。"在全球经济下行、极端天气频发、国际局势动荡的今天，如杜威所言，与当下人类的生存处境十分吻合。他在书里写到，寻求安全有两条途径。途径一：在感情和观念上改变自我，委顺于支配自己命运的各种力量，借以获得安全感。途径二：发明各种技艺，通过行动改变世界，利用自然力量为自己构筑安全堡垒。在古代世界，受制于生产工具的简陋和技术水平的低下，人们更倾向于通过途径一来找到"安全感"。在瞬息万变的今天，你将作出什么样的选择？事不避难，知难不难。正如《青春之歌》里写的那样："生活的海洋，只要你浮动，你挣扎，你肯咬紧牙关，那么，总不会把你沉没。"

愿你拥有"风物长宜放眼量"的胸襟，拥有"千磨万击还坚劲"的耐力，更拥有"乱云飞渡仍从容"的定力！

第三讲
三人谈：2022年中国经济与文旅产业年中回顾与展望

徐洪才*、吴必虎**、范　周

———————

　　2022年上半年经济面临了较大的下行压力，尤其是旅游业和文化产业的发展经历了较多波动。为应对这一挑战，党中央、国务院及各级地方政府相继推出了一系列旨在稳定经济和促进增长的政策措施。这些措施逐渐见效，使得整体经济运行开始呈现出企稳回升态势。国家统计局数据显示，2022年上半年中国国内生产总值实现56.26万亿元，同比增长2.5%，经济正在稳步复苏之中。❶作为人民生活水平增长必不可少的消费形式，

　　*　徐洪才，中国政策科学研究会常务理事、经济政策委员会副主任

　　**　吴必虎，北京大学城市与环境学院旅游研究与规划中心主任，博士生导师

　　❶　国家统计局.2022年二季度和上半年国内生产总值初步核算结果［EB/OL］.（2022-07-16）［2024-05-06］.https://www.stats.gov.cn/sj/zxfb/202302/t20230203_1901532.html.

旅游和文化在现代经济发展过程当中的地位越加凸显。虽然上半年文旅领域发展受到影响，但线上消费需求量持续高涨，关于促进服务业领域困难行业恢复发展的若干政策等相关纾困政策的出台，有效缓解行业低走现象。部分新兴业态逆势增长，文化市场主体依然活跃，文化和旅游领域的需求仍不断上涨，线上业态活力稳步上升。背后到底有哪些因素在影响着这些艰难的数据？我们上半年可观的数据又透露出哪些未来的趋势？下半年行业需要采取哪些自救的措施？

一、2022年上半场：文旅产业总体发展情况回顾

（一）国民经济：内外部环境复杂

盘点2022年上半年的中国经济乃至全球经济，世界经济正在陷入滞胀的泥潭。2022年7月公布的《世界经济展望报告》再次下调了世界经济的增速。美国作为主要经济体，2022年经济增长2.3%。中国经济2022年上半年表现出了极大的韧性，增长了2.5%。一季度表现非常好，增长了4.8%；二季度中国经受住了来自国际国内超预期的压力和挑战，仍然实现了0.4%的正增长。概括来讲，世界经济目前增长速度在回落，2022年3.2%，2023年2.9%，2024年仍难以预测。[1]

同时，通货膨胀已经创下了历史新高，美国9.1%，欧洲9.1%，英国

---

[1] 国际货币基金组织再度下调全球经济增长预期［EB/OL］.（2022-07-29）［2024-05-06］.https://www.ndrc.gov.cn/fggz/fgzh/gjzzychyjdt/gjzzyjdt/202207/t20220729_1332295.html.

9.4%，中国 2022 年上半年 1.7%。其中工业生产的价格指数，受全球大宗商品价格的影响，表现较高，但是也在逐渐回落，说明前期保供稳价的政策取得了一定的效果。全球性通胀是当前的一个总体趋势，而人类社会在应对通货膨胀方面已经积累了一定的经验。然而，对于滞胀（即经济增长停滞与高通货膨胀并存的情况），成功的处理案例却相对较少。与此同时，地缘政治冲突日益加剧，特别是俄乌之间的紧张局势，给以联合国为核心的国际治理体系带来了自第二次世界大战以来最为严峻的考验和挑战。这些冲突不仅动摇了以往基于经贸合作构建起来的国际关系基石，而且美国及其西方盟友试图建立的新一轮国际规则体系也尚未完全成型。更重要的是，主要经济体的宏观政策正在发生急转弯。美联储空前的加息力度，欧元区的跟进，全球金融体系的震荡，加剧了一些脆弱的新兴经济体正面临的潜在金融危机的挑战，如阿根廷、土耳其、印度尼西亚，乃至大型的新经济体，如印度、俄罗斯。这种多元化、多极化的新兴经济体，矛盾冲突很大，利益诉求现在也没有得到更多的体现。中国作为世界第二大经济体，进出口贸易对外依存度是比较高的，每年进口的粮食、石油、天然气，以及其他的能源资源等，尤其是在高科技芯片这些领域都严重依赖进口。每一次美联储的政策急转弯，全球资本回流美国，大宗商品的价格剧烈震荡，对金融体系及实体经济都不可避免地产生剧烈的冲击。

全球的国际社会体系里面，中美关系是最为重要的双边关系，大国关系博弈日趋复杂，挑战日趋严峻。综观 2022 年上半年的发展，中国也遭遇了空前的挑战。内忧外患，多重超预期的压力，导致中国经济增长速度二季度也创下了历史新低。主要是实体经济如长三角、珠三角地区的经济重镇，受到的冲击最大。

另外，一些潜在的风险也有所显现。比如，房地产领域的潜在风险，在中央政治局会议中强调地方政府监管部门要对烂尾楼负起责任，要化解这些局部性的、潜在的风险。更为重要的是，主要的经济数据、投资消费都疲弱，尤其是内需消费，居民的消费十分疲弱，供应链的冲击对不同的行业影响不一样，文旅行业首当其冲，交通运输业、旅游餐饮业、体育行业等相关的行业受到的冲击是最大的。但是，中国经济有极大的韧性，经受住了空前未有的挑战，展现出了很多亮点。

第一，中国的通胀水平在全球是最低的，控制得最好。作为世界第二大经济体，中国通胀水平，特别是对民生相关的消费需求，菜篮子、米袋子工程是保障有力的，供给是充分的，人民群众日常生活受到的影响比较小。

第二，在全球主要经济体宏观政策出现急转弯的时候，中国的金融体系也是保持相对稳定。在外汇市场，人民币兑美元贬值的幅度在全球是比较小的，受到冲击最大是日元、欧元体系，说明我国金融监管相关的宏观政策也是有效的。

第三，中国经济2022年最大的挑战是就业。整体而言，政府千方百计创造新的就业机会，尤其是四五月以来，调查失业率有所下降，且上半年已经超额完成了全年新增城镇就业岗位的二分之一，整体表现不错。

第四，城乡居民收入增长保持稳定。2022年在经济如此波动困难的时候，城乡居民的收入的增长还是保持稳定，并且超过了国内生产总值实际增长率 0.5 个百分点，这也是难能可贵的。[1] 以民生为要，保证城乡居民收入增长的思路对于未来的消费和内需市场的稳定提供了前提条件和有效保障。

此外，在经济波动的过程当中，产业结构调整优化，科技进步，改革创新稳步推进，如在高科技装备制造业和先进现代服务业等领域的增加值超过了经济增长和规模以上工业增加值的平均水平，是领先的。流入这些领域的资金及产出，也都是超出平均水平，这说明产业结构优化方面是可圈可点的。尤其 5 月下旬，复工复产和各项经济工作全面铺开，恢复常态化，主要经济指标也在恢复，目前已经呈现出稳步向上的趋势。这个趋势表明了中国经济的韧性和未来发展的长期平稳向好的稳固基础。历新建教授也提到，在当前的外部形势下，可以看到全球的经济增速在下降，但是全球的通胀水平再创新高。所以，在全球下一步经济发展过程中，可能以经贸为基础的全球经济运行会受到挑战，全球的供应链体系会面临变数，整个国际政治格局变化莫测，国际金融体系动荡会加剧。

（二）旅游：变化与转机

最近几年，文旅产业受到了非常大的冲击。下面将从政策上的促进、先抑后扬的需求、目的地选择的转向和旅游产品的创新四个方面探讨文旅

---

[1] 国家统计局.2022 年上半年居民收入和消费支出情况［EB/OL］.（2022-07-15）［2024-05-06］.https：//www.stats.gov.cn/sj/zxfb/202302/t20230203_1901519.html.

产业近几年的大变化和新转机。

第一，政策上的促进。 2022年上半年整个旅游业发展受到的冲击非常大，但是上半年对于旅游发展的纾困解难的政策有很多，主要有两个方面。**一方面，"十四五"规划建立了一个更大的尺度。** 一是"十四五"时期，中国的最大变化之一是旅游产业结构的变化，即从观光旅游转向度假旅游。目前西部由林业转化为旅游业的城市中，精品民宿和房车自驾游项目较多。文化和旅游部曾经批准300个左右的中国优秀旅游城市，在中央文件或国务院的"十四五"规划中，专门提出"国家级的旅游休闲城市"的概念。以前一座城市能否成为旅游城市，通常取决于是否有视觉上的观光旅游。现在如果一座城市有了"住"的理由，它就转变为度假城市或是休闲城市。另外，这里没有用"国家级旅游度假城市"，而是用了"国家级旅游休闲城市"，体现了党的十九大以来对美好生活的重视，既考虑到目的地社区的发展，也考虑到旅游者的体验。二是"十四五"期间，国务院专门制定《"十四五"旅游业发展规划》，该规划中不包含文化，说明旅游业本身跟文化产业虽有紧密联系，但二者并不相同。文化和旅游部的胡和平部长多次强调旅游与文化的融合，尽管旅游和文化在属性上有所不同。文化大多是世界性的，具有意识形态特性；旅游则非常强调产业特征。国务院的《"十四五"旅游业发展规划》，更加强调政府的统一组织和协调。旅游发展涉及众多部门，在文化遗产方面，因为文化和旅游部与国家文物局有组织上的联系，所以冲突较小。但是在自然保护地形成的风景名胜区、自然保护区、国家森林公园、国家地质公园、国家水利风景区等方面，则会有较大冲突。例如，前几年的环保督察促使很多国家公园关掉了旅游设施，而土地督察则推动了大量乡村旅游设施的建设，这些举措都是由当地政府着力推进的。**另一方面，"两山"理论，即生态保护和生态旅游相得益彰。**近年来，习近平总书记提出"绿水青山就是金山银山"，"生态保护和生态旅游相得益彰"，既要严格保护生态环境，也要适度发展生态旅游，同时还要改善当地民生。国家级的自然保护地进行旅游规划的问题，无论从思想理论上还是从国家规范上都越来越明确。2022年6月1日公布的《国家公园暂行管理办法》，有六处提到"生态旅游"，分别在规划建设、保护管理、公众服务三章节中对国家公园内开展生态旅游保护管理措施进行了具体规定。这是国家林业和草原局在践行"两山"理论的一个重要体现，也是自然保护地体系建设在学理和法理上的一个重大进步。目前，就业是整个社会最大的压力，旅游产业作为带动就业的最大产业之一，自然保护地禁止人为活动，则不利于当地社区的发展和就业。这种政策上的巨大变化，将助力众多旅游城市的经济发展。

第二，先抑后扬的需求。2022上半年因特殊原因，大家在如何同时应对和发展经济的问题上准备不足，导致景区"工作人员比游客还多"等状况出现。近期，文化和旅游部发布了2022上半年国内旅游数据情况。根据国内旅游抽样调查统计结果，2022年上半年，国内旅游总人次14.55亿，比2021年下降22.20%。其中，城镇居民国内旅游人次10.91亿，下降16.60%；农村居民国内旅游人次3.64亿，下降35.40%。分季度看，其中一季度国内旅游人次8.30亿，同比下降19.0%；二季度国内旅游人次

6.25亿，同比下降26.20%。国内旅游收入（旅游总消费）1.17万亿元，比上年下降28.20%。其中，城镇居民旅游消费0.94万亿元，下降26.70%；农村居民旅游消费0.23万亿元，下降33.80%。❶总的来看，同比下降。但是，有一种说法叫作"半个中国都在云南旅游"，新疆独库公路变成"堵哭公路"，说明了一个先抑后扬的情况。造成此变化的原因有两个：一是老百姓的出行意愿显著增强，促进了旅游和消费市场的复苏；二是中央宏观政策的调整，为经济的稳步回升提供了坚实的保障。中国旅游研究院（文化和旅游部数据中心）与中国电信旅游大数据联合实验室发布的《2022年上半年旅游热度报告》显示，2022年上半年总游客量空间上呈现"两点一线"的分布特征，"一线"是长江流域沿线，包括成都、重庆、武汉、上海等地总游客量占比高；"两点"是北京和广州。由此可见，中国旅游的空间，沿着长江流域恢复较快，以北京和广州为中心的两个点，也恢复较快。总体来看，空间上的恢复，不存在某一省份特别突出的情况，每个省份都有恢复较好和恢复不好的区域，这叫作"旅游的泡泡"。因为跨省旅游有风险，所以每个省把地级市区分开来，构建各自的"泡泡"。"泡泡"内是安全的，推进省内旅游没有问题。总之，第二个变化我们称为市场需求在被强制抑制的情况下进行的反弹和爆发。

第三，目的地选择的转向。择地转向主要有四个表现。**一是出口转内销。**在旅游学研究中，游客选择目的地，规律性很强。过去中国游客是全

---

❶ 中华人民共和国文化和旅游部.2022年上半年国内旅游数据情况［EB/OL］.（2022-07-15）［2024-05-06］.https://zwgk.mct.gov.cn/zfxxgkml/tjxx/202207/t20220715_934711.html.

世界最会买东西的群体，但是一段时间内，我国强大的海外购买力被抑制住，出现出口转内销的情况。**二是就地娱乐**。近两年来，游客偏好、出行方式和目的地选择都出现了新的规律。目的地整体呈由外转向内，由远转向近，由观光转向度假。人们出游时间呈现碎片化，出游距离呈现短途化，出游预算缩减。以本地游、周边游为代表的近距离、短时间、高频次的"微旅游""微度假"兴起，露营、休闲旅游等方式快速升温，旅游产品结构加速调整、持续转型，国内旅游在困境中萌生新的增长动能。**三是企业经营转向**。近三年一大批旅游企业面临倒闭，但又有一批新的企业注册出现，这是社会自然变化的客观规律。经济同样如此。目前从事旅游服务的企业，以前并非从事旅游服务，这一显著变化跟人类对环境的适应及政策的调整息息相关。**四是度假产品供给与价格转向**。近期新疆的独库公路及喀什等地爆火，反映了人们消费态度的变化，无法到国外度假，则选择在国内度假。但普遍来看，国内度假往往比国外度假贵，因为新创的产品成本较高，购买的人越少价格越贵，当中国的度假产品越加普及则会越加便宜，中国目前就正处于由贵的度假转向比较便宜的度假转变的过程。旅游产品供不应求，导致某些地区游客的体验感不好，这需要当地的供应商和政府及时进行调整。

第四，旅游产品的创新。我国旅游产品创新面临两大问题。**一是总量旅游产品供给不足**。旅游成为人们消费的刚性需求，在整体的旅游产品供给上不够。政策、市场、出行目的地、出行方式的变化，均会影响旅游产品的供给。目前一些数据表明，无论是去新疆这类远程目的地，还是去北京近郊目的地，通过旅行社规划出游的消费者越来越少，这也是旅行社发展越加困难的一个原因。**二是高品质产品需求提高**。社会需求分层，高品质产品需求增加，在满足量的增长的同时还需要质的提升。线上旅行 OTA 模式的变化发展。例如，美团本身不涉及旅游业，因其巨大流量，而成为大型旅游供应商，满足了量的增长的需求。但旅游业要高质量发展，需要高质量的旅游产品，高质量的旅游产品就要让游客有一个"住"的理由。同时，预订旅游和预订消费崛起。预约旅游逐渐成为习惯，其中，室内旅游项目预约更加有需求，露天项目预约需求相对缓和。总的来说，目前要以大众需求为导向，扩大供给总量。同时，推动旅游产品供给质量提升，以旅游休闲城市为主干建设目的地体系，实现高质量发展。

（三）文化产业：纾困解难关注后续

经济是社会发展的基石，我们在关注经济发展情况的同时，也应该对人们的精神需求予以关照，尤其是在当前不确定性成为新常态的社会背景下，如何有效满足人们新的精神诉求，是非常值得关注的问题。2011 年，我国死亡人口数量 951 万人。[1]2021 年，我国死亡人口数量 1014 万人，出生人口数量 1062 万人，人口净增长 48 万人。[2] 通过观察近 10 年的死亡人口数量，可以发现，近 10 年平均死亡人口数量 900 多万人，2020 年突破

---

[1] 国家统计局.2011 年我国人口总量及结构变化情况［EB/OL］.（2012–01–18）［2024–05–06］.https://www.stats.gov.cn/sj/zxfb/202303/t20230301_1919332.html

[2] 国家统计局.2021 年国民经济和社会发展统计公报［EB/OL］.（2022–02–28）［2024–05–06］.https://www.stats.gov.cn/sj/zxfb/202302/t20230203_1901393.html

1000万人。①相关数据显示，我国每年自然死亡的人口数量在600万到700万之间，非自然死亡的人数也有所增加，然而决定人的长期健康状况的，很大程度上是精神状态。因此，对于文化产业这样一个以满足人们精神需求为主的产业，在用数字来衡量其产业发展情况时更应该关注到其对人们精神层面的重要影响。回顾2022年上半年文化产业的发展情况，可以从产业发展和政策条件等方面把握未来的发展趋势。

第一，营收微弱增长，产业结构发生明显变化。 2022年7月30日，国家统计局发布了2022年上半年规模以上文化及相关产业企业的营收数据。从调查企业的数量来看，与2021年同期相比企业数量上涨3000家左右，总体营收达56052亿元，较2021年同期增加1672亿元，但产业增速明显下降，仅增长0.3%。从九大门类来看，文化核心领域行业门类"三升三降"，新闻信息服务、内容创作生产和文化传播渠道上升，线下聚集性业态较明显的文化娱乐休闲服务也下降幅度最大，同时文化相关领域均保持上升趋势。从行业占比来看，内容创作生产在文化产业领域占比最高，近年来始终在21%～22%；文化辅助生产和中介服务、文化装备生产、文化消费终端生产占比较2021年同期均有所提高；而文化核心领域中的创意设计服务、文化传播渠道较2021年同期均有所下降。从区域发展情况来看，中部地区营收8289亿元，较2021年同期增长870亿元，增

---

① 中央纪委国家监委网站.我国人口10年来继续保持低速增长态势2020年全国人口达14.1亿［EB/OL］.（2021-05-12）［2024-05-06］.https://www.ccdi.gov.cn/toutiaon/202105/t20210512_99271.html.

速 8.0%，为各地区里唯一同期增速为正的地区。东北地区营收 449 亿元，比 2021 年同期减少 37 亿元，是各地区里唯一营收下跌的地区。东部地区和西部地区增长微弱，分别增加 764 亿元、74 亿元。[1]

可以在数据中看到：**一是文化制造业拉动了整体文化产业 2022 年上半年的微弱增长。**综合整体产业发展来看，2022 年上半年文化产业发展增速明显放缓，总体增速仅 0.3%，文化新业态特征较为明显的 16 个行业小类增速也仅为 2.9%。但 2022 年上半年文化制造业发展表现亮眼，产业整体营收达 20708 亿元，较 2021 年同期增加 1123 亿元。2022 年上半年文化制造业增加值占三大产业类型总增加值的 67.2%。**二是创意设计服务因互联网广告增速放缓营收有所下降。**2022 年上半年，创意设计服务营收 8827 亿元，比 2021 年同期下降 3.5%[2]，这与互联网广告的增速放缓有一定相关性。互联网广告是创意设计服务业的重要组成部分，在 2021 年突破了万亿元市场规模，但受到互联网平台治理趋严和互联网企业自身遇到的发展瓶颈等因素使互联网广告发展速度整体放缓。**三是要重点关注易受到线下影响的广播电影发行放映、演出等行业。**从 2022 年上半年整体数据来看，文化传播渠道中是唯一一个营收微幅上升但占比下降的门类。第二

---

[1] 国家统计局 . 2022 年上半年全国规模以上文化及相关产业企业营业收入增长 0.3%［EB/OL］.（2022—07—30）［2024—05—06］.https：//www.stats.gov.cn/sj/zxfb/202302/t20230203_1901537.html.

[2] 国家统计局 . 2022 年上半年全国规模以上文化及相关产业企业营业收入增长 0.3%［EB/OL］.（2022—07—30）［2024—05—06］.https：//www.stats.gov.cn/sj/zxfb/202302/t20230203_1901537.html.

季度，在各地出台一揽子纾困扶持政策的大环境下文化产业整体发展情况相对有所好转，但文化传播渠道领域企业营收仍然下降。以电影发行放映行业为例，电影院线数量集中的北京、上海等城市受损严重，根据灯塔研究院对影院营业数量的统计，2000年3月21日—4月22日，全国开放影院的数量低于6000家，相比春节档高峰期的1.2万家，几乎减少了一半，损失较为惨重。[1] **四是个体直观感受与产业发展实际存在一定偏差。** 2022年一季度可穿戴智能文化装备营收增速达22.0%，高于一季度产业平均增速17%[2]，但2022年上半年文化市场优质产品供给仍然不足，发展新业态更要关注文化科技产品的场景消费应用，真正发挥文化科技的普惠价值。

第二，一揽子纾困政策陆续出台，更要关注后续落地情况。首先，从中央层面来看，各部委协同出台纾困政策，从多个维度帮扶文化企业渡过难关。 2022年2月，国家发展改革委、文化和旅游部等14部门联合印发《关于促进服务业领域困难行业恢复发展的若干政策》。2022年5月，国务院出台《扎实稳住经济一揽子政策措施》，对文化、旅游等困难行业给予更大力度支持。文化和旅游部调整暂退旅行社旅游服务质量保证金政策，将保证金暂退比例提高到100%，并将新取得经营资质的旅行社一并纳入政策支持范围。国家发改委、财政部、国家税务总局、住建部、人社部、

---

❶　猫眼数据3月21日全国影院营业率不足50%单日票房仅1330万［EB/OL］.（2022-03-22）［2024-05-06］.https：//ent.sina.com.cn/m/c/2022-03-22/doc-imcwiwss7458352.shtml.

❷　潘旭华.2022年一季度全国规模以上文化及相关产业企业营业收入数据［EB/OL］.（2022-04-29）［2024-05-06］.https：//www.stats.gov.cn/xxgk/jd/sjjd2020/202204/t20220429_1830140.html.

　　　　　　　　　　　　　　　　　　　　　　京和学术文库

文旅部、中国人民银行等多个部门联合发布政策助力企业纾困，助力市场主体发展。据不完全统计，仅在中央层面有关文旅行业纾困政策达 30 余项。纾困政策与往期相比，表现出三个新特点：一是帮扶企业更加精准。多个政策明确对部分服务业小微企业和个体工商户承租国有房屋实行减免等纾困措施。二是帮扶手段更加多样。通过减税降费到贷款贴息、缓缴社保、安排专项资金、发放补助等多种形式支持中小微文化企业发展。三是帮扶政策更具有系统性，与经济形势和经济阶段性特征紧密结合。从地方层面来看，各地文旅专项支持政策较少，大多包含在整体市场主体纾困政策之中。领域大多集中在产业投资、促进消费、保障经济发展等方面，与经济发展、就业等问题紧密关联，更加注重统筹协调的效果。但是，还要看到目前对民营文化企业和非国有企事业房产的房租减免等方面没有对应政策。**其次，文化产业赋能效应突出，进一步服务国家战略。**文化产业与国民经济结合更加紧密，"融合 +"趋向显著，文化产业日益融入各领域发展之中。在服务国家战略方面，文化产业以政策、文件规范确定为顶层设计的趋向不断加强。2022 年 4 月，文化和旅游部等六部门联合印发《关于推动文化产业赋能乡村振兴的意见》，将文化产业赋能乡村振兴纳入全面推进乡村振兴战略的整体格局。2022 年 5 月，中共中央办公厅、国务院办公厅印发《关于推进实施国家文化数字化战略的意见》，文化产业成为推进数字经济发展，推动数字中国建设的重要组成部分。2022 年上半年，文化产业行业市场规范不断完善，其中关于新业态的监管政策日趋完善与系统。文化遗产保护利用备受关注，系列政策连续出台，综观 2022 年上半年出台政策，与文化遗产保护与传统文化相关的政策出台频度最高，整体导向更加注重对传统文化的创造性转化、创新性开发与创意性表达等方面。

第三，专项规划陆续出台，区域合作更为紧密。2022 年是"十四五"时期第二年，四大专项规划紧贴当前实际发展需求，为行业发展带来利好。从区域规划来看，整个规划更加强调联动性与协同性，区域合作更为紧密。2022 年上半年出台了三大区域规划，2022 年 5 月，文化和旅游部、国家发展改革委、重庆市人民政府、四川省人民政府联合印发《巴蜀文化旅游走廊建设规划》，规划辐射带动重庆市和四川省全域范围，全面对接成渝地区双城经济圈建设等国家战略。2022 年 5 月，文化和旅游部、国家发展改革委、国家体育总局联合印发《京张体育文化旅游带建设规划》，规划辐射北京市和张家口全域范围，统筹推进奥运场馆赛后利用和文旅体融合发展。2022 年 6 月，《黄河文化保护传承弘扬规划》出台实施，进一步推动黄河沿线地区的协同发展。

二、2022 年下半场：文旅产业发展趋势预判

（一）数字化：经济发展新趋势

徐洪才教授提到，服务业受到公共卫生事件管控的冲击比较大，因为很多服务是跟人的活动息息相关的。但是，跟数字经济相关的服务是逆势上扬，预示着数字经济发展抓住了这个特殊的情况，抓住了这次发展的机会。一方面，网上销售保持相对稳定，食物商品的销售跟普通民众的日常生活习

惯是息息相关的。另一方面，大众手机下单送货上门已经习以为常了。**日常的消费品，从整体上看，它的需求是刚性的，保持平稳的增长，不受经济周期的影响。但实际上，实体店受到了比较大的冲击。**例如，餐饮业、旅游业、交通运输还有文化休闲体育，其相关的服务也是受影响的。因此，整个服务业受到冲击，对整个日常的生产生活及各种活动都不可避免地产生了系统性的影响。但是也预示着未来有些好的发展方向，像数字经济显然是方兴未艾，是一个新兴产业，也是国家战略扶持引导的行业，同时是大国博弈的重要领域。竞争非常激烈的，从创新能力、社会管理、治理及调控政策的能力都经受了检验，我觉得这是2022年上半年的一个基本情况。

厉新建教授强调，实际上跟老百姓对服务的需求越来越多是有密切的关系。刚好对于数字经济来说，它可能能够打破时间和空间的约束，来做一个弥补，是非常重要的。当然也反映出数字经济已经有很好的发展基础，在特殊时期才能够发挥这样一些作用和变化。

范周教授提到，2022年5月中央发布的文化数字化实施纲要体现了对数字经济发展的共识，并突出了文化数字经济作为数字经济的一部分，其与数字化之间存在着紧密的联系。这意味着通过数字化手段来推动文化产业的发展已成为国家战略层面的关注重点。因为全球整个数字经济，像美国和欧盟都超过了60%，而中国的数字经济大概还在40%，还是有一个很大的上升空间。[1] 那么，在这个上升空间中，作为文化产业或者文旅产

❶　中国信息通信研究院.中国数字经济发展报告（2022）［EB/OL］.（2022-07-10）［2024-05-06］.https://www.sohu.com/a/565759116_221481.

业是可以发挥重要作用的。首先是解决对数字资源的共享，中共中央办公厅、国务院办公厅对文化数字化中的数字资源的共享提出了明确的意见，如建立国家文化数字专网，一切与国家文化素质有关联的领域都要整合资源，集中力量办事。便民服务和总体经济的数字化经济，是连在一起的，因此在这方面的资源整合非常重要。

吴必虎教授强调，**旅游的根本是在于信息的不对称性，才导致人们从一个地方到另一个地方去旅行的行为**。从根本上来理解人类旅行的动机，或者说实现的条件是在于信息的获取和评估，所以信息化、数字化对于旅游的发展是非常重要的。其中又分成公共信息和市场信息这两部分，刚才提的是中小企业、小微企业的数字化，实际上从中国的旅游来看，小微企业基本上很难发展数字化，或者说没有必要建立一套数字化体系，大多数是公共体系。所以作为企业来讲，应该更多地关注消费者对于数字化的消费，让自己的旅游产品、旅游服务能够有更好的响应。比如，博物馆，或者景区的直播，在数字化的情况下，甚至比亲眼去看更清楚。虚拟旅游能不能代替现场旅游，是一直我们在讨论的问题。如果能代替，对旅游企业就有重大的变革。人类探索未知世界的本性是支撑旅游发展的一个重要动力。尽管虚拟旅游可以在某些方面提供便利，但它无法完全替代实地旅游带来的丰富体验和深刻感受。实地旅游仍然是一种不可或缺的活动，它能满足人类深层次的探索需求和个人成长的愿望。但是，到现场去旅游的过程中，信息化、数字化的作用又非常强，有了更多的信息，对于你的旅行的体验质量好坏有很大的影响。到一个陌生的国家的时候，你可能什么都不好安排，如果你事先得到很多信息，就可以安排你各个环节。所以作为企业、地方政府或者旅游主管部门，要理解人们的数字消费行为，改变产品的供应方式。

（二）市场主体：激发产业活力

徐洪才教授提出，针对小微市场主体而言，在政策方面，**一是**信心，比黄金还贵，尤其是在充满不确定性，供应链受到扰动，正常的经济循环受到冲击的时候，信心很重要。所以地方政府的主要领导对民营企业、中小微企业要给予鼓励。**二是**资金、成本的核心问题，资金链断了要想办法帮他们接上，特别是银行还有相关的多元化的融资渠道。**三是**与经营成本相关的政策，运营的成本有很多方面已经出台很多政策，像减税、退税、补贴等。**四是**要建立供应链的配套体系，当地的骨干企业、龙头企业要重点帮扶，要疏通供应链，形成一个正常的循环。

范周教授指出，市场主体是文化产业发展最关键的细胞单元，在社会环境趋稳、纾困政策落地、主动创新求变的前提下，文化市场主体仍将具备逆势成长的机会。北京市朝阳区为文化市场主体，**一是**在政策层面上，出台政策比较及时，几乎把小微企业、纾困企业和一些出口贸易企业，以及原创性比较强的企业的困难都给考虑到了。文创产业在朝阳是明智选择，尽管朝阳区的政策并不是全北京市最优惠的，但是最发展、最宽松的。**二是**朝阳区这几年来一直是担负着北京市重要的国家、国际活动的主城区，奥运会、冬奥会及各种各样的大型国际活动等都在朝阳。所以，朝阳区在这一方面来说是压力很大的，但是也锻炼了朝阳区的应对能力。在2022年4月至5月，北京市朝阳区面临着较大的压力。这一情况主要是由于该区户籍人口超过了200万❶，并且还拥有大量的流动人口。此处，所有的外国驻中国大使馆共计165个，也都位于朝阳区内。❷所以如果政策不到位，会直接影响北京全市的服务业和文化产业的发展。因此，在这方面经过了十几年的历练，朝阳区现在才能冷静从容应对。从市场主体来说，要找新的发展方向，朝阳区把所有在数字经济中数字大赛的获奖企业全部签约，还对数字算法等特殊领域召开了专题的研讨会，而且承担了这个领域全部的研讨会。能明确地看出来，朝阳区已经由原有的经济结构向数字经济的高精尖转型升级中，期待着朝阳区在新的形势下，做好转型，能够早日出现很好的成果。

吴必虎教授提出，经过很长时间，旅游和文化产业都在恢复，这得益于市场需求的增长以及供给方的有效应对。**一是**关于旅游带动就业的问题。与其他行业相比是非常突出的，可以注意到旅游企业大多数是民营企业。大多数就业的机会是由民营企业，而不是央企和当地的国企提供的，因为随着技术的提高，劳动密集型的民营企业自动化水平提高。所以在旅游复兴的过程中，更重要的是从中央到各个地方政府制定政策的时候，一定要扶持好民营企业，是非常重要的。**二是**关于人才流失的问题。由于旅

---

❶ 北京市朝阳区人民政府. 朝阳区2021年国民经济和社会发展统计公报［EB/OL］.（2022-04-12）［2024-05-06］. http://www.bjchy.gov.cn/affair/tjgb/4028805a801c0ab301801c9c96760085.html.

❷ 聚集专家学者智慧谋划世界城市建设 2010年世界城市建设国际论坛在朝阳举行［N］.朝阳报，2010-03-04.

游业不景气，导致旅游系的招生情况不佳。**实际上，人才的培养和留存不仅是一个社会现象，也是衡量一个行业发展状况的重要指标。**随着社会的发展，旅游行业呈现长期向好的趋势。特别是中等收入家庭的收入水平不断提高，这意味着未来高收入和中等收入家庭的休闲需求将会非常旺盛。旅游业需要大量的人才，当这个行业有前景，人才自然而然会回来，因为收入合理化是人才重新恢复的最根本原因。另外，大学生就业问题已经成为2022年下半年要纾困帮扶的一个重要的国家战略。

（三）消费主体：带动新业态发展

徐洪才教授指出，要坚持稳中求进的原则和基调，避免过多透支未来。无论国际形势如何变化，中国都应保持战略定力，坚定不移地推进发展。此外，重中之重还是要稳定1.6亿户市场主体 ❶，只有中小微企业和个体工商户稳定了，普通民众的收入就业才有保证，未来的消费才有坚实的基础，否则经济的平稳运行这是很难的。在未来的可持续发展过程中，消费要发挥基础性的作用，要夯实基础，同时要发挥投资在引领经济发展过程中的关键性作用，要从整体上考虑，提高投资的效率。更重要的是，把财政政策里面的减费、降税，减轻企业压力的政策落实到位。

吴必虎教授强调，中国未来的发展，包括旅游、文化、经济，都需要加强政策支持与供给。总的来说，地方政府基本上没有发挥主观能动性的空

---

❶　截至6月底全国登记在册市场主体达1.61亿户［N］.人民日报，2022-08-17.

间。中央各个部委落实配置的权力放给市场，市场还不太完整的就放给地方政府。所以，制定政策不要太细，要宽一些，让省长、县长都有自己发挥的空间，我们国家的经济才能蓬勃向上、自由发展，这才是中国未来发展的希望所在。还有，对民营企业的政策要优待，积极培养企业家精神。中央政府的作用不应该过度干预，而是要让地方政府发挥其应有的作用。中央政府应该更多地使用其宏观调控的能力来指导和约束地方政府的行为。中央政府应当专注于管理那些确实需要国家介入的事务，如公共文化领域，这就需要国家提供资金支持，确保民众能够受益。为了发展旅游业带动其他相关行业，最重要还是加强基础设施。无论是中央政府还是地方政府，在涉及需要管理的事务时，应该确保有效地进行管理，并且及时跟进。

范周教授提出，**文化娱乐休闲服务业收入波动最为明显，甚至可以说是历经了"过山车"式的起伏**。2022 年上半年，文化娱乐休闲服务收入 437 亿元，比 2021 年同期下降 28.3%[1]；回看这几年的半年数据，2021 年文化娱乐休闲服务收入是 592 亿元[2]，2020 上半年跌入谷底，只有 338

————————

[1] 国家统计局 .2022 年上半年全国规模以上文化及相关产业企业营业收入增长 0.3% ［EB/OL］.（2022-07-30）［2024-05-06］.https：//www.stats.gov.cn/sj/zxfb/202302/t20230203_1901537.html.

[2] 国家统计局 .2022 年上半年全国规模以上文化及相关产业企业营业收入增长 0.3% ［EB/OL］.（2022-07-30）［2024-05-06］.https：//www.stats.gov.cn/sj/zxfb/202302/t20230203_1901537.html.

京和学术文库

亿元[1]，而 2019 年上半年，是 682 亿元。[2] 如果再看季度数据，2020 年一季度，文化娱乐休闲服务收入累计下降 59.1%[3]；2021 年一季度，当市场整体情况趋稳，文娱休闲服务则出现了收入增长超过 100% 的情况（101.8%）[4]，波动幅度和市场敏感度可见一斑。2022 年 6 月，国内总体形势趋稳向好，复商复市稳步推进，服务业景气重返扩张区间，服务业商务活动指数回升至 54.3%。[5] 在此背景下，以聚集性为特征的文化休闲娱乐服务业，也有望逐步趋稳，2022 年下半年仍需持续挖掘文化市场潜力，提振文化消费活力，科技创新与内容创意将是文化娱乐休闲服务业实现韧性发展的题中之义，整体长期向好趋势不变。

———————

[1] 国家统计局 . 2022 年上半年全国规模以上文化及相关产业企业营业收入增长 0.3%［EB/OL］.（2022—07—30）［2024—05—06］.https：//www.stats.gov.cn/sj/zxfb/202302/t20230203_1901537.html.

[2] 国家统计局 . 2019 年上半年全国规模以上文化及相关产业企业营业收入增长 7.9%［EB/OL］.（2019—07—31）［2024—05—06］.https：//www.stats.gov.cn/xxgk/sjfb/zxfb2020/201907/t20190731_1768077.html.

[3] 国家统计局 . 2019 年上半年全国规模以上文化及相关产业企业营业收入增长 7.9%［EB/OL］.（2019—07—31）［2024—05—06］.https：//www.stats.gov.cn/xxgk/sjfb/zxfb2020/201907/t20190731_1768077.html.

[4] 国家统计局 . 2021 年一季度全国规模以上文化及相关产业企业营业收入增长 40.4% 两年平均增长 10.0%［EB/OL］.（2021—04—30）［2024—05—06］.https：//www.stats.gov.cn/sj/zxfb/202302/t20230203_1901072.html.

[5] 国家统计局 . 国家统计局新闻发言人就 2022 年上半年国民经济运行情况答记者问［EB/OL］.（2022—07—15）［2024—05—06］.https：//www.stats.gov.cn/sj/sjjd/202302/t20230202_1896644.html.

第四讲
文化创新：从世界到中国

李凤亮 *

———————

　　文化是一个国家核心竞争力的重要组成部分，在综合国力竞争中的地位和作用越来越突出。从顶层设计来看，党的十八大以来，"建设文化强国"成为我国国家文化战略的集中表达，形成了对以往文化改革发展经验和未来发展目标的集成性概括。文化建设要走创新发展之路，文化创新作为国家创新驱动发展的题中之义，是坚定文化自信、增强文化自觉、加快文化改革发展的重要组成部分。习近平总书记在党的十九大报告中强调今后一段时间文化建设的目标是"坚持中国特色社会主义文化发展道路，激发全民族文化创新创造活力，建设社会主义文化强国"。增强文化自信、发展中国特色社会主义文化，就是要以文化创新来推动创新发展和社会主

———————

　　* 李凤亮，华南农业大学党委书记。

京和学术文库

义文化强国建设。通过弘扬创新文化，激发创新激情，增强创新活力，培育创新队伍，讲好每一个中国故事，让世界聆听中国的声音。

一、为什么要在今天谈文化创新？

谈到文化创新，我们首先要考虑是从什么意义上去理解文化创新。

党的十八大召开之后，习近平总书记亲自主持召开了四场座谈会。第一次是文艺工作座谈会，与 1942 年 5 月 23 日毛主席主持的延安文艺座谈会相隔 72 年，因为面对的历史场景、场域不一样，两场座谈会的核心也不尽相同。**延安文艺座谈会主要探讨文艺与政治的关系问题，而习近平总书记在北京召开的文艺座谈会主要解决在纷繁复杂的环境之下，文艺与市场的关系问题。**文艺座谈会之后，党的新闻舆论工作座谈会、网络安全和信息化工作座谈会、哲学社会科学工作座谈会连续召开，这四次座谈会为之后我国文化发展和系列具体部署奠定了方向。党的十八大之后的五年，国家宣传思想工作的主要任务是正本清源，而 2022 年往后的五年更多的是守正创新，明确宣传思想工作的五大任务——举旗帜、聚民心、育新人、兴文化、展形象。我们的文化、文化产业、文化创新就是在大文化、大宣传、大思想这样的背景之下讨论的。

讨论文化创新需要有参照物。在世界范围内，拿文化创新建设比较好的美国来说，美国是经济强国、科技强国、军事强国，其利用了全世界的文化资源帮助开展文化创新，形成了一系列的文化创造和文化创新的话语体系。

美国著名国际政治学者、哈佛大学肯尼迪政府学院教授约瑟夫奈提出的"软实力"概念，是指"一切非物化要素所构成的实力"，即一种转化为同化性的权利。美国希望是通过吸引，而非强制让其他国家去践行自身的文化。

近些年，我们国家的软实力也有了极大提升，这是我们努力的方向之一。不只是美国，发达国家，包括日本、韩国、英国、德国、意大利、法国等国家都非常重视文化的构建。他们在经过了几次工业革命之后，经济高度发达，人均 GDP 也非常高，已经从创意产业走向创意经济，正进一步走向创意社会的构建。

党的十八届五中全会上提出创新、协调、绿色、开放、共享的新发展理念，在创新方面提出了不断推进理论创新、制度创新、科技创新、文化创新，让创新之风在全社会蔚然成风。习近平总书记在 2018 年参加全国人大广东代表团审议的时候也讲到发展是第一要务，人才是第一资源，创新是第一动力。

通常我们讲的创新是各个领域的创新，那什么是文化创新？

我认为，**创新就是一种发展论的立场，不是秉持文化的一种固守的、静态的立场**。在这方面，不同人持不同的看法。历朝历代对于文化的发展都有保守派、开放派、创新派，当然有的时候创新派甚至会走向一种激进派。发展论就是坚持文化是流动的，认为文化是不断发展的一条长河，通过观念立场、方法手段的变革，形成文化自身的革新和突破，进而为国家创新战略的实施和软实力的提升提供有力支撑。

二、文化创新的全球视野

综合国力的竞争往往是大城市群的竞争，最终体现为文化、科技、经济实力的综合竞争。2021 年美国的 GDP 是 23 万亿美元，占全世界的 23%，中国 GDP 在 18 万亿元左右，占全世界的 18% 左右。❶ 如此来算，美国的文化产业的增加值是非常高，在 400 家美国最富有的公司中，有 72 家是文化公司，美国音像业版权产业的出口已经超过了汽车、农业、航天业这些传统的产业。❷ 跟美国相邻的加拿大，幅员辽阔，有 3000 多万人口，且大多数为移民，所以加拿大奉行内外兼修的多元文化政策，实行文化管理分权的制度。

法国的文化体制并不完全是市场驱动型的，是国家主导推动文化产业、文化资源创新的形式。法国以公共投入为主，国家扶持，多方合作。法国的文化底蕴非常厚重，它强调文化跟国家形象要结合，文化要为国家服务，因此法国对文化的补贴非常高。

欧洲传统的老牌帝国意大利、德国充分地利用自身丰厚的自然资源和文化资源进行产业发展。比如，意大利大力发展音乐、电影电视等艺术产

---

❶ 白商财经. 全球三大经济体 GDP 数值喜人：美国 23 万亿，欧盟 17 万亿，中国多少［EB/OL］.（2022-03-14）［2024-05-06］.https：//baijiahao.baidu.com/s?id=1727246435105428892&wfr=spider&for=pc.

❷ 全球文化产业发展报告［EB/OL］.（2022-11-07）［2024-05-06］.https：//wenku.baidu.com/view/57046455a46e58fafab069dc5022aaea988f4119.html?_wkts_=1712456151806&bdQuery=《全球文化产业发展报告》.

业，米兰 50% 的 GDP 是时尚产业贡献的。[1] 德国的出版业、会展业很突出，全世界 150 个重要的展会，有 2/3 都在德国举办。[2]

把目光转回到亚洲，日本、韩国、新加坡、印度的文化路径各有不同，**但共同的特点是都高度重视通过文化的创新来振兴自己国家的新经济，传递国家的新形象。**1993 年日本的创意产业发展就已经超过了汽车产业，并且提出了"文化立国"的发展战略。日本文化是一个矛盾的综合体，既有很烈的一面，也有很柔美的一面，所以大家在看这些年日本动画、电影或者歌曲等不同的文化对日本国家形象的塑造形式，有很多非常值得我们学习。韩国也提出文化兴国的战略，所以亚洲文化圈都是以政府在上层推动，同时结合市场优势去发展。

新加坡作为一个只有 700 多平方千米的城市国家，自然资源严重匮乏。新加坡政府高度认识到创意在经济发展中的作用，并提出"资源有限，创意无限"创意产业发展策略，推动新加坡的创意经济，树立新亚洲创意中心。

和我国同为传统文化大国的印度，也是一个文化娱乐和消费大国，非常注重文化创造与文化消费。在加强文化科技融合层面上，印度跟中国是高度相似的，虽然印度区域发展还是非常不均衡，但他们非常重视通过文

———————

[1] 澎湃新闻.东莞进化论，从巨型工厂到千面之城［EB/OL］.（2022-11-11）［2024-05-06］.https：//m.thepaper.cn/baijiahao_20690653.

[2] 搜狐新闻.2022 德国最有名气的会展城市介绍［EB/OL］.（2022-03-20）［2024-05-06］.http：//news.sohu.com/a/531176834_120883132.

化激发民族的创造力与内在活力。

再将视线转到大洋洲，整个澳大利亚才拥有 2000 多万人口，新西兰更少，只有 400 多万人口。澳大利亚是个岛国，北部领地基本没有进行开发，文化遗产并不丰富，但却是最早提出创意立国的国家之一，1994 年，澳大利亚就出台了创意国度澳大利亚联邦文化政策。新西兰有非常丰厚的自然资源，并且成功地将自己的自然资源转向基于知识的社会生产，大力用自己的生态资源发展生态旅游、电影产业。例如，我们熟悉的《霍比特人》系列电影在那里拍摄完以后，所在片场就被作为一个旅游基地保留。

这都给我们非常大的启发，当今，不管是传统的文化大国，还是新兴的经济体，都很重视通过文化产业的发展来推动产业转型，提升国家的软实力。

三、文化创新的中国战略

新兴业态的发展推动了文化产业跨界融合与深度创新。文化产业的信息化、虚拟化、体验化、跨界化和国际化趋势日益明显。在这样的情况之下，中国怎么做，城市怎么做，文化产业、学术界怎么做？

2011 年党的十七届六中全会通过了《中共中央关于深化文化体制改革、推动社会主义文化大发展大繁荣若干重大问题的决定》，在这个决定当中明确提出要建设社会主义文化强国。

经过改革开放 30 多年，我国经济迅速发展，但是文化安全问题待解决，文化创新力不足，传统文化资源得不到转化，文化消费得不到满足。《中国文化消费指数（2013）》报告指出，我国文化消费潜在规模约 4.7 万亿元，但现在仍存在 3.66 万亿元的消费缺口。❶ 文化消费市场有非常大的空缺需求没有得到满足，人民对美好生活的向往没有得到实现。党的十七届六中全会之后，文化创新已经成为全国各个省（区、市）的发展重点。

文化创新可以成为创造经济发展的新引擎，并可以作为一种经济新形态推动经济融合发展，这与国务院于 2014 年发布的《关于推进文化创意和设计服务与相关产业融合发展的若干意见》中的七个融合策略相一致。今天我们的文化融合已经到了一个新的境界，文化数字化战略的实施这种融合更加的便捷、深入。同时，发展文化产业、文化创新还可以打造区域的形象。

四、文化创新的深圳路径

2019 年 8 月 18 日颁布的《中共中央 国务院关于支持深圳建设中国特色社会主义先行示范区的意见》，明确了深圳的五大战略定位：高质量发展高地、法治城市示范、城市文明典范、民生幸福标杆及可持续发展先锋。当前，深圳的宣传思想文化工作正紧紧围绕"城市文明典范"这一目标展开。

---

❶ 央视网 . 中国文化消费指数发布：我国文化消费存 3.66 万亿缺口［EB/OL］.（2013-11-10）［2024-05-06］.http://jingji.cntv.cn/2013/11/10/ARTI1384040602029598.shtml.

深圳作为文化资源并不丰厚的地区，通过各种文化创新的形式将文化发展起来，而一些文化资源丰厚的地区，为什么文化产业发展又那么缓慢？实际上，这是我们在思考文化创新问题的时候，绕不过去的一个话题：如何把丰富的文化资源变成文化资本、文化资产？**观念保守、业态陈旧、融资乏力、政策不足甚至是人才短缺，要破除这些瓶颈，才能走向文化创新**。那深圳这些新兴城市的文化产业发展，文化创新靠什么呢？2021年深圳的文化产业增加值 2500 亿元，同比增长 15%，远高 GDP 涨幅，占全市生产总值比重超过了 8%。深圳 1000 多万人口，文化创意产业从业人员超过 100 万人 ❶，相当于十几个人当中，就有一个人搞文创的。全市有 40 多家境内外文化上市公司，5 万家文化创意企业。❷ 这就是深圳从 2003 年开始实施"文化立市"，2012 年建设文化强市形成的繁荣结果。

（一）深圳文化产业发展的六大因素

第一，市场机制。 把资源朝着价值洼地配置，培育多层次市场主体，发挥国有文化企业的引导作用，积极引导中小企业规范化发展，大力推进微型企业蓬勃发展，在政府主导下按照市场规律，打破文化体制中制约资源优化的条条框框，打破传统政府与市场的边界。促进各类资源进入市

---

❶　深圳新闻网．深圳文化产业增加值年均增速近 15%［EB/OL］．（2022-06-15）［2024-05-06］．https：//www.sznews.com/news/content/2022-06/15/content_25192345.htm.

❷　搜狐新闻．鲜明特征！深圳文化产业中不可忽视的科技力量［EB/OL］．（2018-05-09）［2024-05-06］．https://www.sohu.com/a/231029919_100005985.

场，共同成为文化产业发展的资源，为文化企业的创新发展提供助力，形成有利于企业成长和创新的资源积聚机制。

第二，科技支撑。这是深圳文化走向繁荣、走向创新的最重要的一个因素。科学技术是文化创新发展的基本动力，推动文化产品更新，助力文化产业升级，加快文化企业转型。文化数字化发展迅猛的今天，VR、AR、BR、沉浸式体验等很多文化科技都参与了文化建设。

第三，金融支持。2011 年起，《深圳文化创意产业振兴发展政策》实施，每年市财政安排 5 亿元扶持经费❶，至 2018 年年底，深圳市政府已共下达资金超过 35 亿元。2013—2018 年，市政府每年还安排 2 亿元专项资金支持工业设计行业发展，重点建设公共平台、培养人才、设立创新设计研究院等。各区财政用于扶持文化创意产业的资金每年也达 5 亿元左右。❷

第四，政策保障。不断完善《深圳市文化创意产业振兴发展规划》《深圳市文化创意产业发展政策》等一系列文化产业政策，文化创意产业成为带动经济快速健康发展的重要引擎。深圳作为全国首批文化体制改革综合性试点地区之一，不断推动文化体制机制创新。2003 年以来，深圳市委市政府先后发布施行了文化产业类政策规划十多份，涉及政策金融扶持、税收优惠、产业空间、产业内细分行业专项政策等。相关部门也陆续出台了文化创意企业能够适用的人才安居、创新型用房等方面的政策。

第五，平台支持。积极发挥"文博会"国家级、国际化平台的带动作

---

❶ 创新之城的文化"加速器"［N］.南方日报，2018-05-09.

❷ 数据来源：深圳市人民政府门户网站（https://www.sz.gov.cn/）.

用。深圳文博会不仅为中国文化产业发展搭建起一个高起点、高规格的展示、交易信息平台，而且使大量资金、项目、技术、人才在深圳汇聚，有力推动了区域文化产业的发展。**组建"深圳文化产权交易所"和"中国文化产业投资基金"**。深圳在国内较早组建了文化产权交易所，参与发起设立了首支国家级文化产业投资基金，不断创新对文化企业的金融支持方式，构建了文化产权交易、文化产业投融资、文化企业孵化的重要平台。**创建深圳对外文化贸易基地**。2013 年年底被文化部命名为国家对外文化贸易基地，正在推进完善基地平台规划建设，将致力于整合全市、全省、泛珠三角地区的文化资源，通过搭建公共服务等平台，吸引泛珠三角相关企业加入，建立一个以国家对外文化贸易基地为核心的泛珠三角对外文化贸易辐射圈。

第六，跨界融合。通过跨门类、跨要素、跨行业、跨地域、跨文化形成一个崭新的文化产业新兴业态的发展模式。文化具有持久的黏性，不仅仅局限于谈论旧有的文化形态。深圳已经从创意产业和创意经济起步，如今正稳步迈向一个高度发达的创意社会。

（二）深圳文化创新的新起点

2019 年 8 月 18 日，《中共中央 国务院关于支持深圳建设中国特色社会主义先行示范区的意见》正式发布，提出深圳"到 2035 年成为我国建设社会主义现代化强国的城市范例"，"到 21 世纪中叶，成为竞争力、创新力、影响力卓著的全球标杆城市"的发展目标。该意见确定深圳未来发展五大定位，其中之一就是"城市文明典范"，要求深圳"践行社会主义核心价值观，构建高水平的公共文化服务体系和现代文化产业体系，成为新时代举旗帜、聚民心、育新人、兴文化、展形象的引领者"。**在第十一条提出全面推进城市精神文明建设**。进一步弘扬开放多元、兼容并蓄的城市文化和敢闯敢试、敢为人先、埋头苦干的特区精神，大力弘扬粤港澳大湾区人文精神，把社会主义核心价值观融入社会发展各方面，加快建设区域文化中心城市和彰显国家文化软实力的现代文明之城。**在第十二条提出发展更具竞争力的文化产业和旅游业**。支持深圳大力发展数字文化产业和创意文化产业，加强粤港澳数字创意产业合作。支持深圳建设创新创意设计学院，引进世界高端创意设计资源，设立面向全球的创意设计大奖，打造一批国际性的中国文化品牌。

第一，创新思想理论载体，构建以社会主义核心价值观为引领的城市精神体系。创新"深圳学习讲坛""百课下基层""市民文化大讲堂"等活动，深化全民阅读活动，建成书香社会和高水平的学习型城市；建立城市荣誉体系，举办"深圳年度人物"评选；探索建立新入户市民宣誓、承诺和培训机制；推行"市民文明行为积分"，建立覆盖全社会的征信系统及"红黑名单"奖惩制度；深化"关爱之城""志愿者之城"建设，形成向上向善的社会风尚；探索建立"舆论引导力评价体系"，量化评估舆论引导的时、度、效，促进舆论监督与人大监督、民主监督、司法监督、审计监督等有机结合实施"驻院、驻校、驻馆"学术名家计划（深圳的学术文化短板，习近平哲学社会科学座谈会讲话），用"天下之才"弥补学术短板。

第二，**创新城市形象标识，构建以国际先进城市为标杆的文化品牌体系**。继续办好文博会、高交会、读书月、创意 12 月和国际钢琴协奏曲比赛、国际魔术节等知名品牌活动；积极申办"世界合唱比赛"；论证筹办"国际科技影视节""一带一路"国家音乐节和"深圳国际摄影大赛"等新的国际化品牌文化活动；建立"城市文化菜单"，形成"月月有主题，全年都精彩"的文化生活新局面；筹办深圳歌舞剧院、深圳话剧团，推动民间文艺团体发展。

第三，**创新媒体运行机制，构建以媒体融合发展为标志的现代文化传播体系**。建设媒体融合重点项目拓展新兴传播平台；积极融入"智慧深圳"布局，推进"互联网 +"项目建设，加快有线广电网络数字化、双向化、宽带化改造升级；实现政务新媒体对重点民生部门 100% 覆盖，形成包括网站、论坛、微博微信、App 等在内的"多媒一体化"政务传播格局；鼓励打造本土化、实用型公众账号，开办掌上政务办理等公共服务业务。

第四，**创新文化服务方式，构建以市民精神文化需求为导向的公共文化服务体系**。建设深圳新十大文化设施和深圳十大特色文化街区。

第五，**创新产业发展模式，构建以质量型内涵式发展为特征的现代文化产业体系**。培育文化领军企业，做强做大市场主体。按照"一区一项目"的原则，市、区联动推进价值工厂、国际艺展、大芬油画产业基地、华强文化创意园、华谊兄弟文化城、深圳电影文化创意产业园等重大项目规划建设；建成国家对外文化贸易基地（深圳）公共技术服务平台和"一带一路"专业服务平台，扩大对外文化贸易。

（三）深圳文化创新的瓶颈突破

深圳文化产业体量巨大，在全球有很大影响力，但也要破除自身的瓶颈。

第一，激发前海蛇口活力，寻找文化创新的新支点。2012年，国务院批复前海深港现代服务业合作区开发开放有关政策，支持深圳前海实行经济特区更加特殊的先行先试政策。2013年12月25日，经文化部批准，国家对外文化贸易基地落户深圳前海，基地将打造文化贸易服务链，为中华文化"走出去"再添贸易新引擎。相较国内其他省市，在前海建设国家对外文化贸易基地主体园区和配套园区具有较强的区位和政策优势。2015年4月27日，作为广东自贸试验区组成部分之一的深圳前海蛇口自贸区在前海举行挂牌仪式。前海保税港区是前海深港现代服务业合作区重要部分，设施完善，在前海建设国家对外文化贸易基地主体园区和配套园区，既享受前海的特殊政策，又享有保税港区的系列优惠政策，形成政策叠加效应。

第二，提升特区软实力，创造发展新动能。深圳作为世界经济特区的典型样本，不仅创造了经济发展的伟大奇迹，也创造了文化发展的深圳模式。特区经济发展起来了，但是意识形态没有发生偏差，政治方向没有出现问题，精神文明建设没有落后，反而实现了从文化沙漠到"文化绿洲"的华丽转身，成为新时代文化创新发展的新策源地。正如习近平总书记指出的，中国特色社会主义是物质文明和精神文明全面发展的社会主义。深圳经济特区下一步发展，除了要有硬实力，还需要软实力的支撑，要坚持"两手抓、两手都要硬"，在物质文明建设和精神文明建设上都要交出优异答卷。这是习近平总书记在深圳经济特区建立40周年的时间节点上对深圳的深情嘱托，也为深圳提升特区软实力，创造发展新动能指明了方向。

一是进一步解放思想，更新观念。 深圳是思想解放的产物，也是改革开放的最大受益者。从当年的先行先试到如今的"先行示范"，从"杀出一条血路"到"走出一条新路"，这些与时俱进的"观念"，为深圳的物质文明和精神文明建设提供了强大的思想保障。站在建设中国特色社会主义先行示范区的新征程上，深圳再次吹响了新一轮思想解放的号角，那就是永葆"闯"的精神、"创"的劲头、"干"的作风。要牢牢把握正确方向，充分利用好深圳在重要领域和关键环节改革上的更多自主权，继续发扬"敢为人先"的精神风貌，大胆地实践探索。要坚持创新是第一动力、人才是第一资源的理念，为深圳早日建成具有全球影响力的创新创业创意之都积蓄动能。要始终坚持以人民为中心，求真务实、真抓实干，让文化改革发展成果更多更公平惠及人民群众，努力续写更多"春天的故事"。

二是创新形式弘扬社会主义核心价值观。 培育和践行社会主义核心价值观是精神文明建设的重要组成部分。在经济特区建立40周年之际，深圳重新将"新时代深圳精神"提炼概括为16个字——敢闯敢试、开放包容、务实尚法、追求卓越，既与社会主义核心价值观和中央有关精神高度一致，又反映出深圳鲜明的城市特色。深圳是一座非常年轻化的城市，平均年龄只有33岁，14～35岁的青年占常住人口的比例超过一半。因此，深圳要教育引导好广大群众特别是青少年坚定中国特色社会主义道路自信、理论自信、制度自信和文化自信，积极投身到中国特色社会主义先行示范区的建设当中。与此同时，作为粤港澳大湾区建设的重要引擎深圳还要弘扬好以爱国主义为核心的民族精神和以改革创新为核心的时代精神深化中国特色社会主义和中国梦宣传教育，为推动粤港澳大湾区文化创新协同发展，消弭文化隔阂、凝聚文化共识、增进文化认同、促进文化交流提供价值支撑。

三是推动文化产业高质量发展。 文化产业是深圳精神文明建设中最具活力的一部分，也是深圳文化创新发展的蓬勃力量。深圳传统文化资源不足，面临的资源要素约束更紧。但40年来，深圳全面推进"文化立市"和"文化强市"战略，通过走"文化+"的道路，创造了文化产业创新发展的新格局，在全国具有非常强的引领性和典型性，涌现出了腾讯、华强、华侨城、雅昌文化等一批文化领军企业成为深圳软、硬实力的双重体现。未来，深圳要充分利用好全球迈入数字经济浪潮的时代契机，抓住以5G信息技术为代表的新一轮科技革命和产业变革，在"数字"和"创意"两条路上率先探索，做优做强。同时，要进一步树立高质量发展理念以质量型内涵式发展引领现代文化产业体系建设，更好地满足人民精神文化生活新期待。

四是打造全球性文化品牌。 文化品牌是城市精神文明的显性标志。《中共中央 国务院关于支持深圳建设中国特色社会主义先行示范区的意见》提出要打造"城市文明典范"，其中特别强调要"打造一批国际性的中国文化品牌"。目前，深圳的文化品牌的知名度还不高，国际文化品牌活动不多，品牌的独特性还不够，与全球标杆城市尚有距离。对于深圳这样的"非资源禀赋型"新兴城市而言，要想提升影响力，要想打造文化品牌，只有一条路可走，那就是"创新"。要坚持高品质，着力建设一流文体设施、培育一流演艺团队、打造一流文化节庆。要把握国际化，打造出能够代表深圳、面向未来的文化设施群落，成为深圳文化的闪亮名片。要追求独特性，以独特追求价值，以唯一谋取出色，将深圳打造成为中国城市文化品牌的窗口，努力创造世界刮目相看的新的更大奇迹。

五、文化自信与文化创新

关于文化自信与文化创新，涉及的问题非常多。在这种情况之下，怎么让这种文化创新能够走得更顺，走得更远，走得更稳？要处理好几个关系。

第一，文化创新一定要处理好古今中外的关系。文化创新是为了活化利用，并不是所有文化都能够创新转化的，是对中华优秀传统文化的创造性转化和创新性发展。中国人十分注重传统文化的创造性转化，细想一下中国人为什么厉害，中华民族为什么厉害，是因为我们在面对文明困境的时候，在面对不同的时代、不同的语境的时候，都能够化危为机，都能够有效吸纳化合外来文明成果，让自身优秀的传统文化不断获得新生。

第二，文化创新要进一步突出文化自觉。城市的文化创新要有文化自信，但它必须植根在文化自觉。文化自觉是对自身文化的一个认知，像费孝通先生讲的，明白自身文化的来历，形成过程，所具有的特色，它发展的趋向，只有这样才能不忘初心，才能明确方向。所以文化自觉不是文化固守、文化复古，文化自觉恰恰是主张开放包容，守正创新。不守正不行，不守正就走偏了歪路邪路，不创新也不行，不创新就没有活力。所以文化创新要树立现代意识、国际视野，不是反对传统文化，更不是崇洋媚外。

第三，讲文化创新，要坚守价值引领。文化商品跟别的商品不一样的地方是它的内涵价值观，每本书都有它的价值观，文化消费实际上也在进行一种价值观的交流。文化产业发展的最高境界不是把别人的钱装到你的口袋里面，而是把你的思想价值观念装到别人的脑袋里面去。正如习近平总书记讲的，一部好的作品应该把社会效益放在首位，同时也应该是社会效益和经济效益相统一的作品。文艺不能当市场的奴隶，不能沾染了铜臭味。价值观也是一种生产力。

第四，文化创新离不开科技支撑。当今文化产业的增加值80%是科技提供的，数字化给文化创新提供了一个新的契机，中国要抓住这个契机进行弯道超车，让我们优秀的中华优秀传统文化能够行销全球，走向世界。

第五，我们要用大改革的精神去寻求突破，文化创新一定要改革，要突破，要进行思想的碰撞。我们要进一步解放思想，在做好文化安全、意识形态安全，守好这个大门的前提下，大力地推动文化的创新发展，推动文化走出去、请进来。只有交流才能够碰撞，要在跨界的发展当中创出特色，跨界融合给我们提供了很多的契机，能够跨界是一种突破，能够被别人联合跨界也是一种价值。文化创新应该找准方向，寻求突破，创出特色。中华民族伟大复兴的中国梦，也是我们中华文化传承创新的中国梦。

第五讲
主旋律影视创作与传播

李向民[*]

————

2021 年，文化和旅游部印发了《"十四五"艺术创作规划》，对"十四五"时期的重点艺术创作方向从重大时间节点、重大国家战略、重要精神财富、优秀传统文化等方面进行明确部署。近年来，主旋律作品不断出圈，《长津湖》《山海情》《觉醒年代》等作品实现了口碑和市场双丰收。2021 年年底，由国家广电总局重点指导的重大现实题材电视剧《埃博拉前线》首轮播出即受热议。相关收视数据显示，《埃博拉前线》在浙江卫视和北京卫视播出之际，观众规模共计 1.9 亿人，收视份额分别达到 2.61% 和

————

　　[*]　李向民，教授、博士生导师，南京艺术学院党委常委、副院长，紫金文创研究院（江苏省首批重点高端智库）院长，知名编剧。

1.64%[1]，在 2021 年两频道黄金档播出的电视剧中，与《暴风眼》《正青春》《山海情》等同列收视排行榜前列。如今，主题影视作品越来越受到年轻人欢迎，取得了良好的传播效果，不断破除生硬、教条的刻板印象。

一、主题立意要深植家国情怀和"人类命运共同体"

我们今天讨论的核心是主题影视，什么是"主题影视"？其实就是家国情怀，包含着中国共产党重要的理论观点，与社会主义核心价值观深度关联，是一种正向的创作。下面我们将重点通过一些案例来具体分析，这些例子也主要是我自己创作的作品。

第一，《大清盐商》。其实当时做这部剧的时候，我是有一些想法或者说"野心"的。大家可能不了解，我博士期间主要研究经济思想史，后来我的博士论文成书出版，叫《大梦初觉》，探讨的就是中国式现代化的道路问题，也就是研究中国这样一个发展中国家如何寻找自己、如何找到发展道路的问题，这也是当时中国所面临的现实问题。现在回头再去看这本书的序言，我先讲一件事情。1793 年，英王乔治二世派马戛尔尼一行到承德拜见乾隆皇帝。乾隆皇帝当时就给乔治二世回了封信，信中语气非常傲慢，说"天朝物产丰盈，无所不有，原不藉外夷货物以互通有无"。今天这封信还收藏于大英博物馆。当马戛尔尼来为乾隆祝寿的时候，船上带了

---

[1]　艺术诠释宏大主题　主旋律影视剧成功破圈［N］.南京日报，2021-12-24.

一个 12 岁的小孩，叫小斯当东。随使团来华途中的 9 个月里，小斯当东花了大量时间和精力学习中文。乾隆皇帝接见使团时，看到这个洋娃娃居然会说中国话，很是喜欢，还赏了他一个香囊。这是 1793 年的事情。到 1840 年，英国女王维多利亚发表意欲发动鸦片战争演说时，议会争执不下。这时候有个议员说道，我小时候曾经去过中国，见过他们的皇帝，你们都没有去过中国，而我了解他们的情况，这个国家看起来是个非常庞大，但其实已经到了穷途末路。在他的鼓动之下，最终议会决定发动战争。所以，我们从一些微小的事件中可以看到，鸦片战争和此前的很多信息都有历史关联。**《大清盐商》实际上是想讲西方工业革命背景下清代社会制度的困境，它在一定程度上是一部带有思想史性质的作品。**这部剧开篇的导语，其实是把扬州盐商这个事件放在了一个全球性的历史坐标里来看待。

我们在进行影视剧创作，在讲故事的时候，其实都传达了一定的价值观和意识形态。对观众而言，即使是在听"别人的故事"，也会在不知不觉中被剧中人的处境、所面临的问题所影响，然后出现很多观念上的交锋。因为我们知道，国外传教士在进入中国的时候，一方面给中国带来了很多先进的技术，包括数学、物理、化学、天文等，但另一方面他们核心目的是来传教，所有的东西都是为传教服务的。在传教士到了中国以后，乾隆是怎么对待他的？再给大家看一个非常有意思的场景，这个场景不是虚构的，也是真实发生过的，这一段非常清楚地反映了意识形态的斗争。其中有一位传教士，在写给他的国王的报告中提到和乾隆的这么一段对话："你来传播福音，一旦要是你们的教皇跟朕发生意见不一致，是听你们教皇的还是听朕的？我派一个和尚到你们国家，你们要不要？"我们可以看到清朝时期整个社会的状况：一方面对工业革命非常抵触，同时仍然保持着一种文化上的优越感；另一方面又很清醒，不能让西方宗教到中国进行大肆传播，因为这种传播很可能会使国家的意识形态的基础发生动摇，并且动摇整个的统治基础。

《大清盐商》从开头一直讲到最后的这些故事，其实就说明了一个问题。我们在创作《大清盐商》的时候，是有一个非常明确的主题的。然后我讲了很多非常细节的故事，让观众一同去看当时的清朝到底是什么样的。当时清朝是全世界国力第一的强国，扬州盐商是当时最有钱的一批商人，一年交给财政的税收盐税，有五六百万两，当时一年的财政收入也只有两千多万两。所以在做服装的时候，千万不能做寒酸了，无论是乾隆还是盐商，他们作为最有钱的阶层，整个生活状态是不一样的。通过讲这些故事，我们阐发了一个重要的主题，即在鸦片战争后，我们面临的很多问题其实是和乾隆年间的很多失误有关。

第二，《郑义门》。这是一部动画片，故事来源于当时一位中央领导到浙江调研中国共产党纪律处分条例时听到的一个故事。浙江的金华浦江县，有一个姓郑的人家，在宋、元、明三代出了 173 位官员，而且没有一位贪污腐败。这个家族有一本郑氏家规，总共 168 条。**这 168 条家规很特别，它不是理念性、原则性的，而是法规性的。触犯了哪一条，就要有相应的处分。**比如，"郑氏子弟出仕者，如有贪墨者，生不得进家谱，死不得入祠堂"。对于在封建社会的人来说，不能进家谱，不能进祠堂，就成孤魂野鬼了，是最大的惩罚。所以在这样的惩戒面前，很多人产生了敬畏之心。受此启发，这位中央领导要求立即组织创作《郑义门》，以此来弘扬正直廉洁的价值观。

第三，《大禹治水》。大家对大禹治水的故事都很熟悉，都了解"三过家门而不入"的情节。因此重新塑造大禹治水这个故事，就需要考虑从什么角度去写，想反映什么问题？最终我们提炼了一个重要主题，那就是一个基层公务员的成长故事。2020年这部作品获得了中宣部"五个一工程"奖，是文艺作品中的最高奖项。

第四，《埃博拉前线》。这是建党100周年的四部重点献礼剧之一，它的主题是非常清楚的，即通过讲2014年中国医疗队赴非洲抗击埃博拉的故事来反映中国的大国担当，表达人类命运共同体的理念。我没有把《埃博拉前线》定位为简单的行业医疗剧，而是将医疗、军事、灾难、动作、悬疑、爱情等多种元素熔于一炉，并通过"血钻"国际贸易等内容来表现宏大主题，其视野颇具国际性和前瞻性。《埃博拉前线》无疑成为世人看待世界、融入世界的那道最温暖、最有力量的光，他们在别人的战场中，看到了守望相助，看到了家国情怀，并对人类命运共同体有了更深切的认识。《埃博拉前线》讲的是一个中国医疗队援非抗击埃博拉的故事，但其实也是在告诉大家，不到非洲帮助抗击埃博拉病毒，一架飞机就可以把埃博拉送到中国，并且迅速在中国传播开来。所以我们去非洲抗击埃博拉，不是在帮别人，是在帮自己。因为人类是一个命运共同体，《埃博拉前线》

京和学术文库

讲的是大国担当。

二、人物塑造要追求触及灵魂、以情动人

大多数人小时候看电影，经常喜欢问大人，哪个是好人，哪个是坏人。因为只有搞清楚谁是好人，谁是坏人，才能把自己的情感投射到他身上去。但是在现实生活中很难单一地确定谁是好人，谁是坏人。任何一个人，在做某一件事情的时候，都有自己的动机，有自己的立场和出发点，在不同的出发点的情况之下，他做的事情，可能会让人觉得不舒服，那这个人看起来就像坏人。一些人愿意牺牲自己去帮助别人，看起来就像好人。但大部分人不可能是最好的或者最坏的，大部分属于那种不好不坏、时好时坏，或者说基本上不坏，但是偶尔也会伤害别人，再或者被别人伤害更多的人。所以《大清盐商》这个剧里面没有坏人，连和珅都没有被简单地丑化。我觉得必须认识到，**所有的文学艺术都是去刻画人物，要走进人物内心以后，才能够理解他为什么这么想、这么说话、这么做事**。就像毛主席讲过，世界上没有无缘无故的恨，也没有无缘无故的爱。

那么，如何在文艺作品当中能够展现和塑造人物形象，展现人物性格和心理活动，这是非常重要的。《大清盐商》中有两个"死对头"，一个是乾隆派来查两淮盐引案的钦差大臣，一个是扬州盐商的总商，相当于扬州盐商的领袖。你会发现这两个人吵成这样，每个人都理直气壮，都觉得自己是对的，对方是错的。因为这两个人，没有一个人心虚。其实这两个人

的势均力敌，不仅仅是在演戏过程中体现出的，两个人物本身的量级是一样的，是旗鼓相当而且能够针锋相对的。现在我们也很难评说出谁对谁错。因为处在不同的方面，就会产生一些对立和矛盾，这是人物本身所决定的。每个人都会有自己的立场、观点及对待问题的态度。因此我们在**塑造人物的时候，必须走进人物内心，而不是浮于表面，去想象可能发生的矛盾。如果这些矛盾是假想出来的，而非真实的矛盾，是不能打动别人的。**

要真的了解你所塑造的人物。讲一个历史人物也好，讲一个现实人物也好，甚至讲一个普通人也好，有时候我们对他的了解只是局部的，甚至是抽象的。所以我觉得，要去了解这个人物，了解他真实的处境。对于现实题材来讲，应该走近当事人。比如，在创作《埃博拉前线》时，如果我没有去过非洲，我可能会认为非洲就是有各种各样的狮子、羚羊在大街上跑来跑去，认为非洲和原始森林差不多。但实际情况完全不是这样的。所以我们塑造人物会出现的问题，究其本源是深入生活的程度不够。体验生活不是围观生活，你要真的走进去体悟它。对历史剧也是一样的，我们要回到历史当中，要看大量的历史著作，甚至去看历史人物写的东西，去了解他的思想，去研究他的动机。当我们把这些全部弄明白之后再去讲他的故事，就不会有大的偏差，因为我们知道他所面临的矛盾、困惑都是真实存在的。

三、情节设计要强化节奏感和可看性

一个好故事需要有明确的主题、生动的人物塑造及精心设计的情节，这样才能吸引观众的注意力，使他们被故事中的观点所吸引、感动，甚至逐渐接受这些想法。如何讲述这个故事至关重要。例如，从1927年到1934年，南京地下市委经历了多次严重的破坏和打击，共有7批次的地下党员被捕或杀害。在这段艰难的历史时期，许多共产党员和共青团员被捕并牺牲，其中包括六任党组织的主要负责人。这些英勇的革命者用他们的生命，确保了南京党组织在极端困难的情况下依然坚强不屈。为了使这个故事更加引人入胜，我加入了一些具体的细节来描绘烈士们的牺牲过程。比如李云生，他是第四任南京市地下党委书记。被捕后，他一直坚称自己是无辜的旁观者，但敌人仍然对他产生了怀疑。最终，当敌人将他的孩子带到监狱中时，孩子认出了父亲并冲向他，从而暴露了李云生的真实身份，导致了他的牺牲。这个故事并没有简单地罗列这7位烈士是如何牺牲的，而是采用了类似剧本杀的叙事结构，通过展现他们在面对生死抉择时的内心挣扎——是否动摇过信念？是否对亲情、爱情有过留恋？最后为何选择了坚守信仰而放弃个人的一切——来引导观众深入理解这些烈士当时经历的艰难时刻。

将他们放置在同一时空进行对话，这就打破了常规线性叙事方法，解构并重新组合历史事件—— 一座勾连着生与死、历史与现实的火车站，7位在真实历史中相继传承重担、牺牲的书记在舞台上产生交集，不再受时间、空间的阻隔。其中有一段的审判戏，不仅仅是说报仇，其实是在根本的思想观念上进行面对面的交锋。它不是简单地说日本侵略者是多么野蛮，多么丧尽天良。我们如果只是揭露、再现他们对中国人的欺辱，而不去揭露其本质，其实不能够解决历史上的根源问题。这样的故事，其实是希望通过在电视剧中再现他们之间的交锋，在这样审判的结构中来展现人物的性格。

四、拍摄制作要发扬精雕细刻、精益求精的工匠精神

如何在制作的过程当中能够提高艺术性，同时保证作品的思想性能够贯穿始终，是我们经常面临的一个问题。首先我们的作品是一个艺术品，是红色艺术品，是反映我们主流意识形态的艺术品。所以从这个角度来看它的立意，是第一位的。但同时由于它是艺术品，它仅仅有立意、有思想精神是不够，还要能艺术精湛地讲好故事。现在客观上来讲，我的剧组经常也会出现这样的问题，一个编剧，他可能为了写一个剧，讲一个故事，翻阅了大量的资料。为了创作剧本，编剧可能花了一两年甚至更多的时间去构思好故事，架构了非常好的人物故事。但是到了剧组以后，编剧可能并没有进剧组，后期由导演和演员来完成这个任务。有的导演可能跟编剧配合得非常好，他能够准确地把握编剧的意图，去正确地反映这个故事，这样是会给整个电视剧是加分的。但也可能有导演接了各种各样的活，开机之前几天，终于来了，前面的活才放下了，一边来看你的剧本，一边还

在改前面的片子。对于这个故事，导演一边翻剧本一边觉得这个地方不够火爆，人物还可以再更加有矛盾冲突，再剧烈一点，就可能丢掉了故事的专业性和艺术性。

同样，很多演员拿着本子的时候，他只会把自己的台词用黄色的荧光标出来。他只念自己的台词，有时候还会自己加戏，说这个词不顺口，改一改吧；说台词太少，帮我加点词吧。加完以后，根本不考虑前后的逻辑关系，不考虑和其他演员之间的相互关系，导致这个戏最终呈现出来已经完全扭曲变形了。所以**制作精良的第一条是"尊重一剧之本"，尊重依据围绕剧本的结构和立意来更好地表达它，而不是试图去改变这种立意，增加所谓的娱乐元素**。尤其在重大的主题创作中，这是要特别谨慎对待的一个问题。

一部好的作品要真正做到制作精良，实际上是要求在每个环节都能够做到非常的仔细精准。《大清盐商》，到今天为止依然被大家认为是中国最好的电视历史剧之一。在制作《大清盐商》的时候，为了再现当时盐商的生活状况，我们没有简单地去借人家的老院子来拍，而是搭了3000多平方米的新景。张黎导演的参与，他对艺术表现的高超驾驭能力和对剧本的尊重，为作品呈现奠定了坚实的基础。还有各位演员的倾力表演，剧中女一号是俞飞鸿，男二号是张志坚，《人民的名义》播出以后，育良书记为大众所熟知，其实他还出演了《大清盐商》，包括饰演乾隆皇帝的倪大红，后来塑造了苏大强等很多经典角色。没有这些好的演员、好的制作团队共同的努力，一部艺术精品是没办法生产出来的，也就没办法传播出去。传播的力量有多大，最终是看整个作品的质量。

五、作品传播要讲究话题性和平民视角

主题影视作品，并不是简单地去宣扬党的立场观点，而是要通过讲故事的方法去表达。所以，在传播的时候也应该考虑以下因素。**一是**要有话题性，大家对某一个话题感兴趣，它才会成为一个有话题性的东西。比如讨论房子问题，讨论婚姻家庭问题，讨论年轻人的追求、理想、梦想等这些问题。如果我们的观众面临同样问题的时候，他就会关心别人怎么回答这些问题。所以话题性本身，就是吸引大家去关注。**二是**在传播的过程中，改变"居高临下的"态度，用平等视角讲故事。因为居高临下只会让大家有一种反感甚至抵触情绪，比如《觉醒年代》里边讲的那些故事、那些人物，其实本来是我们在教科书上看到的，可能感官上非常的陌生，甚至特别的遥远。但是当我们看到的很多具体的人物言行非常接地气的时候，我们才认识到其实他们也不是天生就是伟人，是像普通人一样成长起来的。所以在传播过程中，应该持有一种平等的视角和方式，而不是自上而下地灌输。**三是**在自媒体实践时代，在移动多媒体的技术基础之上，还要重视自媒体本身在传播过程当中的作用，不能简单地靠原有的主流电视台，要考虑到多方面多渠道。**四是**传播中的解码，其实就是现实解读，我们需要找到和时代价值相关的、被当代观众所接受和产生共鸣的内容。比如，《大清盐商》里讲了反腐事件，讲了善与恶的斗争。在不同国家、不

同历史时期都会反复存在这样的问题，这个点就很容易引起观众的联想和共鸣。很多人会把主旋律创作的思想性和观赏性对立起来，这是对主旋律创作的一种误解。主旋律教育并不是一本正经地照本宣科，生硬地去宣传党的路线、方针和政策，是要通过艺术的方法，通过讲故事，让大家自然接受、理解。是不是能够有好的市场，是不是有很好的经济效益和收视率，和主题并不完全相关。因为作品是重大题材，就没人看会卖不掉，这种判断是不客观的。

人生所有的经历都不会白走，无论是你正在从事的工作，还是经历的生活、爱情或者磨难，都会使你的人生增加一抹新的色彩，让你更好地去体会、去理解更多的东西。所以，无论我作为一个官员、企业家，还是学者、编剧，所有的身份对我现在来讲，都是一个人不同的社会身份、社会角色的某种体验。为什么我能够写官场、写大老板的故事？那是因为我自己曾经体验过这样的角色，所以我能够想象出主人公在某时某刻会是一种什么样的反应，会有一种什么样的决策，会做出什么样的安排和决定。我觉得这就是我所有的经历给我提供的最重要的一笔财富。同样，我在学校也会经历各种各样的事情，这也是在体验一种新的人生，也会为我今后的创作提供非常好的思考。因为文学就是人学，你所有的阅历本身都是对你进行文学创作的一种积淀，在这个意义上，我觉得是没有矛盾，没有问题的。从时间上来讲，我应该是一个写作速度比较快的人，可能一般说来，比很多同学的效率高。但是我觉得对于年轻编剧来讲，不可能等自己把所有的事都经历过，然后才开始写东西。因为我们每个人不是都有机会经历所有的角色，没当过皇帝，就不能写皇帝，这显然不是绝对的。所以这个时候我们就要去学习一些经验，通过去读书，包括史书、思想史及人物传记等著作，通过间接经验来丰富自己，是最好的办法。"**人生之路每一步都在算步数**"，**不同身份可以带来的不同体验，对创作有着极大的影响**，也祝各位青年编剧能够在体验中塑造艺术的想象力和思想性。

第六讲
乡土与天下：中国文化乡建的百年实践逻辑

向　勇[*]

乡村是具有自然、社会、经济特征的地域的综合体，兼具了生产、生活、生态、文化等多种功能。习近平总书记在党的二十大报告里面提到，全面建设社会主义现代化国家，最艰巨、最繁重的任务仍然在农村，要加快建设农业强国，拓宽农民增收致富的渠道，要建成现代化经济体系，形成新发展格局，是包括了农业现代化在内的新的发展格局。本期大讲堂中，向勇教授围绕在自己故乡四川的白马花田的田野考察经历展开，梳理了百年乡建的发展历程，介绍了参与式艺术，即文化乡建的营造策略，最后就艺术乡建的审美治理问题和可持续发展进行论述。既有田野研究中的

---

　　*　向勇，北京大学艺术学院教授、博士生导师，北京大学文化产业研究院院长。

经历和考察经验，又从文化产业的角度凝练了诸多文化乡建的理论分析，为大家提供了一场别开生面的讲座。

一、革命与建设：百年乡建的文化自觉

2017 年习近平总书记提出"百年未有之大变局"之后，中国共产党及各个行业、各个领域、各个专家都从不同的角度看待这种世界格局，这是时代变迁的大视野、大思维。北京大学的林毅夫先生也多次谈到"百年未有之大变局"的概念，他将"百年"的起点定在 1900 年，即八国联军入侵中国之时，在那个时期，八国联军所代表的国家包括英国、法国、德国、意大利、日本、奥匈帝国、美国和俄国的 GDP 总额占全球总量的50% 以上，这表明这些国家在经济上占据了绝对的优势地位，并且在随后的一个世纪继续主导着国际秩序。❶ 然而，到了 2000 年，尽管这些国家组成的八国集团（G8）在全球 GDP 中的占比仅下降了大约 3%，但这一时期却见证了全球格局的重大变化。特别是中国的崛起，成为推动世界经济发展和国际秩序演变的关键力量。

往前看，19 世纪 70 年代，李鸿章提出来"千年未有之大变局"，他面对的是鸦片战争之后当时的清朝在国际竞争中的连连战败，国家被迫开放，主权不断丧失，技术与军事实力远远落后于发达国家。每个人所面临

---

❶　林毅夫 . 中国人均 GDP 达到美国一半时，将出现稳定的世界新格局［EB/OL］.（2021-07-26）［2024-05-06］. https：//www.guancha.cn/LinYiFu/2021_07_26_600146_s.shtml.

的不同时代境遇，提供给每个人完全不一样的个人发展机遇，每个人可能都有自己坚守的那一番事业、那一方花田。**只有把自己个人的追求跟时代的变局、国家的发展紧密结合在一起，个人的发展和生命才变得很有意义，才有其价值所在。**

（一）国家、城乡与天下：民族复兴征程中的乡村视野

"家国、城乡、天下"是知识分子如何在家国之间、城乡之地、天下大的视野上去看待自己，看待个人的维度。关于"个体、家国、天下"，明末清初的知识分子都在提，这些诗人都在提，顾炎武在《日知录》里面提到"有亡国，有亡天下"。那"亡国"和"亡天下"，到底该怎么去考虑，去思辨？"保国者，其君其臣，肉食者谋之；保天下者，匹夫之贱，与有责焉耳矣。"后来梁启超先生把这句话概括为"天下兴亡，匹夫有责"。每个人其实都是从个体与家国、天下联系在一起的，所以怎么去建设好社会主义现代化的国家有很多标准。像北京大学的王缉思先生研究国际政治，要有军事和国防的安全，要有国民的富裕，要有社会的公正，要有民主平等，要有精神的充裕。

美国政治学者弗朗西斯·福山提到了国家要实现"善治"。什么是"善治"？要有国家能力，当然要有民主法制，这都跟所需要的两种力量有关，即强大的物质力量和强大的精神力量。习近平总书记在党的二十大报告里面就特别提到，中华民族的复兴需要这两种力量。而且特别强调，没有先进文化的积极引领，没有人民精神世界的极大丰富，没有民族精神力量的不断增

强，国家、民族不可能屹立于世界民族之林。另外，针对关系农业农民的问题依然成为大家关注的重点，成为党的二十大报告的重点。

习近平总书记在党的二十大报告里提到，全面建设社会主义现代化国家，最艰巨、最繁重的任务仍然在农村，要加快建设农业强国，拓宽农民增收致富的渠道，要建成现代化经济体系，形成新发展格局，是包括了农业现代化在内的新的发展格局。

乡村是具有自然、社会、经济特征的地域的综合体，兼具了生产、生活、生态、文化等多种功能。用习近平总书记的话来说，乡村是三大安全的守护者。**一是粮食安全**。为了保障中国的粮食安全，必须坚持"中国的饭碗要装中国的粮食"的原则。为此，必须坚守18亿亩耕地的红线作为底线，并努力增加粮食产量和农民收入。目前的重点是要将这18亿亩耕地逐步建设成为高标准农田，以提高土地的生产力和可持续性。**二是生态安全**。为了维护生态安全，实现碳达峰的碳中和的目标，乡村地区的森林、植被和生态湿地扮演着至关重要的角色。这些自然生态系统不仅是重要的碳汇，能够帮助吸收大气中的二氧化碳，也是实现国家双碳目标的关键空间。**三是文化安全**。乡村文化是一种活态的存在，它在人们的日常生活中得以传承和发展，遍布于广阔的山川大地之上。乡村不仅拥有丰富的自然资源，还承载着多样化的文化和传统，这些功能和价值得到了国家的高度关注和支持。因此，近年来，国家每年的一号文件都聚焦于乡村问题，旨在促进乡村的全面发展和振兴。

对于乡村建设，就像顾炎武所提到的家和国天下的关系一样，也秉承着梁漱溟先生在投身乡村建设时指出的，乡村建设实非建设乡村，而意在整个中国社会之建设。他在 20 世纪 30 年代提出来的一种乡村建设的愿景，其实到现在依然是发展的非常重要的目标。这 100 年下来，中国式的现代化，不管是城市现代化还是乡村现代化，都构成了现代化非常重要的两极。中国式现代化一直在进行"坐标间性"的游离、冲击和扭曲。当然，现在也在进行协同、调和、互动、统筹和一体化。

乡村现代化的坐标间性有自己的价值坐标、愿景坐标、模式坐标。坐标往往是二元对立关系。理想意义上的调和在实际情况下显已有效，这种坐标间性主要表现在四个方面：**古今之间——传统与现代；城乡之间——城市与乡村；中西之间——农业与工业服务业；家国之间——个体与国家**。乡村现代化进程中，随时都会遭遇到这四对坐标间性所交织在一起复杂的问题，并产生时间和理论上的纠葛冲击，同时也要努力去克服四对坐标间性所带来的问题。

从文化角度看乡村建设，它可以被政策与术语表述为乡村文化振兴，也可以表现为在民国时期开创以来的这种乡村建设，并在前面冠以文化二字。文化乡村建设是乡村全面振兴的重要组成部分，也是乡村建设、乡村发展、乡村治理的重要组成部分，它自身又包括了内在的不可分割的互相有机联系的四大范畴。**一是培基，文遗乡村建设**。即对于乡村的文化遗产保护、利用、弘扬、开发，是守护乡村文化非常重要的基础性的工作。**二是铸魂，文教乡村建设**。它是发生在人身上的，不管是乡村的孩童还是成年人甚至老年人，不管是男人还是女人，针对的是他们的内在心理，当然这里面包括了知识的教育，更多是一种关于文化的礼仪的精神教育。**三是**

塑形，文艺乡村建设。有时候把它叫艺术乡村建设，它首先是一种塑形的作用，通过把乡村美化来进行非常好的乡村的审美空间的营造，它本身也是一种精神的营造。**四是强体，文创乡村建设**。强健的体格一定要有产业的支撑。在实践过程中，这四个范畴不是泾渭分明的，不同的文化乡村建设人士进入乡村，开展的工作可能由于自己的专业背景、学术立场、价值定位的不同，采取的文艺文创也不一样，但最终，可以看到这些不同的乡间人士都会同在一起，来实现全面的、立体多元的文化乡村建设。

（二）中国百年乡村建设的四个阶段

根据中国社会科学院农村发展研究所组织编写、中国社会科学出版社出版的《中国农村发展报告》，中国近百年来的乡村建设历程大致可以划分为四个阶段。

第一阶段，探索期（1927—1949 年）。这是中国乡村建设启蒙和救亡，从 1900 年到 1919 年整个中华大地充斥的都是救亡图存。当然也可以看到很多有识之士、先进知识分子做了很多都失败了。直到 1921 年，中国共产党成立，在乡间领域总体把它梳理成了有三种开展乡村建设运动的主体力量：第一种，就是中国共产党人，在根据地和后来的解放区领导开展的乡村革命；第二种，在国统区，由民国知识分子和一些实业家开展的乡村实验；第三种，由地方军阀及地方乡绅在地方进行的乡村改良。

第二阶段，发展期（1950—2014 年）。从 1950 年开始，开始了土地改革，废除地主阶级、封建剥削的土地所有制，实行农民的土地所有制，实际上还是在根据地和解放区经验的全国性的制度化的推广，到 1953 年基本完成，是中国几千年来土地制度上一次最彻底最大规模的改革，封建土地所有制在中国就从此彻底地消灭了。但是后来的探索，走了一段弯路。1958 年中共中央政治局通过了在农村建立人民公社的决定，这是党的整风运动、社会主义建设总路线。在此过程中地方对于社会主义系统建设理解是有偏差的，社会主义系统建设应该是经济、政治、文化的全面发展，林毅夫先生指出社会主义新农村建设不是新村庄的建设，"三农"问题的核心是农民的收入问题，他是从经济学家角度来看，怎么能够提高农民收入，改善农民的生活。但是在这过程中发现还有文化的问题，也就是村民如何守护自身的文化遗产，如祠堂、古建筑、公共古迹、非遗手工艺及日常生活中的传统仪式等。随着社会主义精神文明建设的推进，文化建设被提升到了至关重要的位置。

第三阶段，腾飞期（2015—2020 年）。是中国乡村建设巨变和荣光的时刻，2015 年 10 月中共中央、国务院印发《中共中央 国务院关于打赢脱贫攻坚战的决定》，而且提出了明确的目标，在 2020 年要稳定地实现农村贫困人口不愁吃不愁穿，实现贫困地区农民人均可支配收入的增幅要高于全国平均水平的保障，解决区县整体评级问题、贫困问题。并在 2015 年 10 月成立了普查领导小组。2020 年 10 月，中国 832 个国家级贫困县全部脱贫摘帽。2022 年 2 月 25 日全国的脱贫攻坚总结表彰大会举行，表明中国的乡村建设在经济发展上取得了阶段性的全面性的胜利，而且为第三世界国家做出了榜样。从 2021 年开始，进入振兴期，中国乡村建设的跨越和新的时代。2018 年 5 月 31 日中共中央政治局通过的乡村振兴战略规划，提出了乡村振兴的五个总体要求：产业兴旺、生态宜居、乡村文明、治理有效、生活富裕。统筹推进经济建设、政治建设、文化建设、社会建设和生态文明建设及党的建设。在此之中特别注重传承中华优秀传统文化，因为中华文明的根基在于农耕文化，乡村是中华文明的基本载体，所以乡风文明是乡村振兴的保障。因此要深入挖掘农耕文明中的优秀思想观念、人本精神和道德规范，需要结合当今时代的要求对其进行创造性转化和发展。在这个过程中，需特别关注乡土中国的伦理秩序结构及其与地方治理之间的关系。中央也非常重视弘扬家风乡风，把村规民约、法治治理、道德治理及礼仪治理充分结合在一起，这些都是对乡村建设的认识达到了一个全新的水平。

第四阶段，振兴期（2021年至今）。 从2020年乡村振兴的制度框架、政策体系基本形成，到2035年随着中国特色社会主义现代化国家的建成，乡村振兴也要取得决定性的胜利。农业农村的现代化是中国第二个百年奋斗目标（即到2050年建成社会主义现代化强国）的重要组成部分。乡村全面振兴的目标是在2035年实现农业强、农村美、农民富。到2050年，这些目标将得到全面实现，乡村建设将达到更高水平。因此，可以看出2035年的乡村振兴任务与使命，以及2050年的发展目标愿景，与国家整体建设目标紧密相连，并且是协同推进的。

（三）中国百年乡村建设的历史启示

文化自觉。 乡村的建设对于传承中华文明至关重要，中华文明的根脉、基础在乡村。所以，推动乡村文化、乡村振兴传承中华文化一种文化自觉的、内在的动力所然是整个中国，有些西方学者说是文明型的国家，有些学者说是一种文化型的国家。所以中国国家构建的基础，跟西方纯民族认同的构建是不一样的，是基于文化认同构建起来的国家，对 5000 年传承的文明所蕴含的文化基因的高度认同，把 56 个民族紧紧凝聚在一起，是基于高度的文化认同。中国的文化跟西方的文化有很大不同，中国的文化的演进是渐进式的，而西方的文化是一种破坏式、断裂式的。梁启超先生在 100 年前的一篇文章《中国史叙论》里面提到了关于"中国之中国，亚洲之中国，世界之中国"的三个划分。中国之中国，指的是春秋战国时期，秦朝统一六国之前的中原地区，即现在的黄河中下游一带，被认为是华夏文明的核心区域。从秦朝一直到 1840 年，进入亚洲之中国。所以在大中华辐射区，建立起了基于朝贡制度，在国家内部差序伦理，建立起了外部亲疏关系的国际治理的格局。1840 年之后，国门被打开，进入世界之中国，西方的器物，西方的制度，西方的文明进入中国。但由于我国的文化是演进式的，所以这里面文化的很多的基因，在中国之中国、亚洲之中国包括当下，它会流淌到每个人的身心血脉中来影响我们的行为。在世界之中国，开始开放以后有了西方的民主，从古到今，包括从西到中流淌的这种文化，都在中国认同的格局下，成为自身的一种文化认同。

以农民为主体。无论是在根据地赢得土地革命，开展土地革命，还是后来赢得抗日战争，中国共产党领导的解放战争，家庭联产承包责任制，乡镇企业的发展，都是在以农民为主体，调动农民的生产积极性基础上发展起来的。所以现在的乡建，也要以农民为主体，调动农民的积极性。

全面发展。从最开始土地的产权革命重新确立，生产力的提升，农村的全面发展，政治、经济、社会、文化、生态文明，都要进行全面建设。

坚持党的领导。党的领导经过了这几十年的发展，在村党支部的建设，起到了带领老百姓致富的领头人的作用，党的号召力决定了地方的发展，不管地方是靠近大城市周边的乡村，或者自身有非常好的自然资源、矿产资源的村落，中国共产党都起到了主心骨、领头人、带路人的作用。

二、守正与创新：中国乡建的文化逻辑

2022 年 3 月，文化和旅游部印发《关于推动文化产业赋能乡村振兴的意见》，提到要发挥文化引领、产业带动的作用，要实施农民主体多方参与的主体机制，发挥政府引导市场运作的双重效能。即把有为政府和有效市场充分结合在一起，把科学规划和特色发展、把前期科学决策和实际实践充分结合平衡好。

乡村建设其实是在一种新的发展主义的认知下推动中国式乡村现代化，这种新发展主义的维度需要重新考量。先要考量个人和家国的关系。每个人通过自我建立起来的跟土地的特殊连接，华裔人文主义地理学家段义福先生特别强调，人生活在空间、地理环境下，不是只有肉体的、物欲的、生物性的需求的生命体，它是有精神的、文化的、有灵魂情感的一种生命体。它会形成跟所在地独一无二的情感精神价值连接，这种连接就是一种恋地情结，也可以说它就是一种升华的乡愁，而这种乡愁是有非常浓烈的意识。

所以人和土地的关系，其实连接的是家国和天下，这是中国文化非常重要的一点。就像费孝通先生在《乡土中国》的说法一样，中国的社会结构跟西方不一样，西方是一捆柴把它系在一起，彼此是并列摆放的。而中国的社会结构就像石头扔进了壶里面，是一圈一圈建立起了基于亲缘血缘，形成的各种精神的信仰的共同体。这种圈层构成了一种差序结构。

在基础上，怎么把乡愁的文化资源变成地方发展的创意资本？将创意资本分为内容和空间两个维度，每个维度包含三个内容。

内容维度包括三种类型的资本：一是关系资本，涉及个体在社会网络中的位置及其建立联系的能力；二是文化资本，涵盖教育水平、创意阶层的存在以及学习的空间；三是符号资本，体现在信仰、神话、叙事体系等非物质文化遗产中。**空间维度**分为三个层面：一是微观层面（日常生活），关注个人及社区内部的文化活动；二是中观层面（组织机构），涉及正式或非正式的社会团体、制度设计；三是宏观层面（现代性与历史发展），考察更广泛的历史背景和社会变迁对文化的影响。**激活方式示例**。微观层面（日常生活）：关系资本，增强人际信任和交流的机会，如城市中的博物馆、大学街区或是乡村中特别设计的空间，这些都能促进人们之间的互动与创新思维；文化资本，考虑当地居民的教育状况、创意人才的发展环境及他们日常生活中如何展现其文化遗产；符号资本，观察当地的信仰、神话故事是否融入人们的日常生活之中，并且如何影响着他们的行为模式和生活方式。中观层面（组织机构）：分析各类组织是否有具体措施来支持和发展地方文化资产，如政府政策、非营利组织的项目等。宏观层面

（现代性与历史发展）：将文化资本放在中国文明演进的大背景下考量，探讨它们在中国现代化进程中的价值和作用。

就此把乡村的文化跟整个中华民族，跟整个国家的发展建立起来，这就是前期要做的工作。这项工作包括对文化资源进行规范、专业且系统深入的谱系调查。通过对文化资本的梳理与分类，可以为乡村规划奠定坚实的基础，并提供实践开垦的具体依据。

构建了新乡土主义的创意资本，去平衡好四个坚信，把文化资本、关系资本和符号资本分别营造行动来配合，注重内容独特的原型连接和故事驱动的艺术传播等手段。在关系资本环节，进行美好村落地方感知的塑造，如廉洁体验的场景；在符号资本环节，进行多样的产权授权，促进协同跨界的产业生态。通过文化、关系和符号三大资本，既能够传承发展农耕文明，又能够激发乡土文化活力，最后实现乡村特色产业的培育。

从1992年以来，国家越来越重视怎么把政府和有效市场结合在一起，既要发挥市场对资源配置的基础性的作用，又要发挥政府在进行资源整合的引导作用，来助推整个的经济社会全面发展所扮的角色。这种中国式的现代化的新发展主义，在乡村还体现为怎么能够实现乡村价值可持续的创新策略，背后实际上是一种"公益＋商业"的探讨。

人类社会发展都是在共同体基础上不断演进的，人之所以能区别动物，是因为人可以建立想象的、虚拟的共同体。这种想象不是虚幻的，是人们基于情感依恋、内心倾向构建出来的，这些自然感情在人类社会的演绎过程中自然形成，又具有一些整体本位的共同特征，有的是民族认同，有的是宗教认同，有的是文化认同，以强烈的精神情感为特征，由日常的合作、习俗、宗教或者其他的构成。其中包括血缘、地缘和精神共同体，其实看到这三种共同体只有在乡村，才能够像费孝通先生提到涟漪结构一样，血缘、地缘情感不断地衍生，构成社会的稳定的结构。陆军教授提到要营造新型的共同体，提出美丽、活力、和谐、平安、智慧、人文等不同的治理目标和治理要素。

文化乡村的建设，就是把这些文化资源整合在一起，但它整合的连接是靠共同体的社区意识。这种共同体的社区意识是基于一种乡土精神所建立起来一种共同的利益和共同的意识，它是能够实现集体和自由个体的生活新情感的一种双向合作，进而实现了跟外部社会的一种资源的连接。**所以说文化乡建应当遵循三个基本原则：以农为本注重系统性，以人为本注重活态性，以土为本注重地方感**。这些原则共同构成了文化乡建的核心理念，旨在通过保护和发展乡村文化，促进乡村的可持续发展和社会和谐。

地方感是进行文化乡建的构成维度，它在重构人地的关系，有学者在段义福先生地方感的基础上，进一步把地方感，分成了地方依恋、地方认同和地方依赖三个维度。以文化产业赋能乡村振兴为例，实际上是实现了这三个维度地方感的重构。**一是**通过传承乡村的农耕文明来提升乡村的人文价值，增强乡村的审美韵味。**二是**通过文化产业赋能乡村振兴的不同领域，从创意设计到文旅融合，丰富农民的精神文化生活，推动人的全面发展，开发文化产品，激活地方认同。**三是**通过打造乡村特色经济，包括研学产业、精品民宿、创意农业、休闲农产品焕发乡村的文明新气象，培育乡村发展新动能，激活乡村的地方依赖。

国家有关乡村治理的政策实际上都是综合的文化乡建，以具体的重大项目形式来安排乡村振兴的重点工作，启动实施文化产业赋能乡村振兴战略，将它放到了创新农村精神文明建设的有效平台载体，然后把农民自发组织的"村晚"、广场舞趣味运动会综合在一起，将农村的人才、资金、项目、消费整合在一起。

三、理念与行动：文化乡建的实践探索

以四川白马新乡土主义的花田实践为例，最初的期待是把乡土当成学院，打通校园和田园的双重关系，把田园变成校园，把校园的资源带到田园，也把田园的想象请到校园，最后实现从个体到家国的连接。白马新乡土主义的花田实践共经历了三个阶段。从最开始的白马花田营造社，到后来得到了北京大学校方的参与，成为北大乡创基地的建设，再到2022年得到更多单位的支持，一起建立了中国乡村专委会。最初白马花田共同体的营造，包括了四个方面：空间营造（公共性）、文化营造（认同性）、关系营造（情感性）、产品营造（共享性）。

一是文化乡建的空间营造。通过修缮主屋老宅，使其成为连接南京、北京和四川三地建筑文化的百年象征。在内部空间上使它成为公共空间，既是公共的展览空间也是研学创作空间。把这些空间整理出来，包括一座普通的桥赋予一种爱的意象，把当地的土家族的神话故事再现、可视化。

二是文化乡建的文化营造。乡村也是可以从乡村的文化原创力、文化生

产力、文化创新力及文化软实力去营造的。通过一系列的活动，如节庆、花田创客计划、乡土教育花田课堂及分享乡创经验的自媒体进行文化传播。

三是文化乡建的关系营造。最主要是启动一种创意激活的机制，动员乡民的积极性。通过建立积分计划，村民们能够更积极地参与到村里的公共事务中，包括遵守村规民约、参与好人好事等行为都可以获得积分奖励。这样的机制确保了"好人有好报"，并且这种回报是即时可见的，旨在鼓励正面行为和社会责任感。通过大家亲身参与这些活动，不仅加强了人与人之间及家庭之间的友好联系，还共同塑造了一个充满正能量和共享愿景的社区环境。此外，我们还希望能够吸引那些在乡村建设方面取得成功的人士加入进来，将白马村发展成为一个传播思想和观念的重要平台。这不仅能提升白马村自身的影响力，同时也能激发更多人对文化乡建的兴趣与探索，促进知识交流与实践经验分享，从而推动整个地区乃至更广泛范围内的乡村振兴与发展。

四是文化乡建的产品营造。乡村振兴要落到产业振兴上，那产业振兴的关键就是要把乡村的资源变成产品。这些产品包括在各处看到的特色农产品，通过包装设计、电商、物流送出去。每个地方的资源禀赋：规模效益和原产地标志都不一样，可以通过创意旅游的理念来激活花田农户的体验设计，并依托知识机构开发花田陪伴型慢生活的智能机器人。

四、回归与展望：中国乡建的价值反思

乡村文化振兴的尽头是每个人的乡愁。乡愁不只是山水和情感的基础

性乡愁，更是一种有精神和灵魂的超越性的乡愁。如果说基础性的乡愁是在问我从哪里来，那么超越型的乡愁就要问我要到哪里去。所以乡村的文化资源统一于具有地方特色的乡土文化基因和乡土文化想象，但这种文化想象究竟是谁的想象？

（一）文化乡建的质疑与反思：谁的乡建？

基于文化想象开展乡建工作的重要性，需要找到合适的方式将这种想象转化为现实中的良好乡建模式，到底应该用什么样的方式？渠岩老师说，艺术是比治疗开发更好的方法，也是乡村建设的"第三条道路"。乡村是血脉家园，是天地人神共同构建的，它不光有生产，还有生活、信仰、伦理秩序和道德。他做了许村模式，出版了艺术乡建许村重塑启示录，后来又到顺德的青田，更为完整地提出了"青田九条"去重构人际关系，即人与神、人与环境、人与景观、人与人、人与作品（人作）、人与物、人与富裕、人与灵魂关系的青田范式，去探寻中国乡村复兴的文明路径，在此过程中把核心的手段放到了艺术范畴上。

左靖老师也是长期在乡村耕耘的一位乡建人士，在安徽大学工作。他的策展和出版代表了乡村策展、乡村出版物的高度。他提出乡村更需要设计，而不是艺术。往乡村导入城市资源，向城市输出乡村价值。他特别借鉴和引进了日本的"长效设计"和"地方设计"理念，他认为设计更务实，也更容易落地。同时，他也提出了四大生产：空间生产、文化生产、产品生产、关系生产。

四川美院的王天祥老师认为，乡村社会是社会性艺术的新场域。当下社区存在城市建设的同质化严重、社群交往的异化、人与自然的关系异化问题。**应充分发挥美术在服务经济社会发展中的重要作用，把更多美术元素、艺术元素应用到城乡规划建设中，通过艺术激活空间，进而激活社群，产生社区独有的精神文化。**特别强调了艺术对于人的激活，是一种社群的连接。所以从艺术设计到乡村共同体的营造，都存在着大家各自的发展领域和价值反思。这种价值反思在 2011 年第三计划开启到 2014 年招来了一些善意美好的批评声。2014 年，来自哈佛大学在读的一位博士周韵同学，写了一篇文章《谁的乡村，谁的共同体？——品味，区隔与碧山计划》，利用布尔迪厄的品位区隔理论讨论碧山计划，提出了尖锐的批评，认为碧山计划的审美并不是来自乡民的，跟当地的村干部也没有关系，而是精英知识分子、艺术家的，是极精英主义的，是取悦中产阶级知识分子的趣味的，是短暂想从城市短暂离开去看盛开的油菜花，最后他们还是会回到自己的城市生活。当然这种批评是非常和善、友好有价值的。现在我们看到的乡村的引领者，他们把这种批判自上而下地在进行综合的协调，因此背后是带了治理的思考。

（二）文化乡建与审美治理

虽然"治理"已经远远柔化于之前提到的"管理""管制""管控"等词语，但是其也有一种福柯提到的"规训"的意思，哪怕是通过利益相关体进行一些制度规范的协调，也仍有一种规训。虽然这种规训从最开始是对于生命身体的、肉体的一种规训，到后来变成一种政治的、意识形态的、精神的一种规训，但无论如何，这确实也存在从自我、家庭和国家不同的层次去考虑对于乡村治理的结构关系。英国一位文化研究学者托尼·本尼特在福柯的理论基础上，发展了一套他自己的文化治理学，来传达一种新的文化和政治的观念，即民族的、政治性的和共同文化的理想设想，变成一种以实践主义文化介入的方式，达到特定的文化秩序的构建。

文化治理还可以有很多，阿尔多塞在研究中把国家机器分成两种，一种是强制性的国家机器，另一种是意识形态性的国家机器。意识形态性的国家机器分成了十大类，文化是其中一类。按照中国一些学者，提到的审美的治理的问题，**审美感知是一种基于三种需要调动起来的人的能力——直觉、情感和想象，这些都是跟身体有关的，所以审美是一种关于身体的话语**。在乡村场域，基于自己的身体出发，建立起了身体和心灵、身体和社会、身体和乡土。

所以这种治理方式，具有柔韧性和隐蔽性。外在也会受一些无形的关于审美的规范、审美的制度等影响。同时也把国家、社会、个人这几个层面基于身体的在场感调动、串联起来。因此怎么把身和心从自我审视、自我管理、自我塑造和自我超越，以及集体和国家在审美制度、审美观念、审美法则和审美权利之间去达到理想协同，自上而下、自下而上都能够积极主动参与的，不是中产阶级式的经营的这种方式，是时时需要警醒的。

（三）文化乡建审美治理的主要抓手

一是党建引领、组织振兴——**凝聚本地村民共识**。修武县域的经济模式是通过党建美学激活自然美学、景观美学、设计美学、关系美学、商业美学和艺术美学，并把村内的党群活动中心建成了当地的文创综合体，既是孩童的乐园，也是村民举行婚礼等活动的礼堂，还是进行党员规范教育引领的场所。将当地的资源通过这样的公共空间进行糅合，将利益相关者聚集到一起。

二是社会参与、农民主体——**激活本地动员机制**。将政府部门主导的公共乡建、以企业为主的商业乡建和以公益组织为主导的"公益＋商业"乡建串联起来，实现协同共生的乡村价值可持续开发模式。

三是文化赋能、产业融合——**促进本地产业发展**。费孝通先生的《乡土重建》，看到20世纪80年代乡村集体经济、乡镇企业发展所带来的机会和希望。从现在再次看乡村产业，组织形态在集体经济合作社等各种多元主体基础上，实现第一、第二、第三产业的结合。怎样把一产做特、二产做精、三产做强，实现第六产业的协同共生是值得共同思考的问题。

新乡土主义的概念，强调了乡土与天下的内在联系，并将其视为个体身心、家国联系的一种内在思维框架和行动路径。其根本就是要在乡村去赋智、赋能、赋权和赋值，来实现中国式乡村现代化建设一种新的乡村主义发展的愿景。

第七讲
转折中的机遇：回望 2023

范　周

———————

　　在历史面前，所有的经验和教训都是宝贵财富。随着阴霾逐渐散去，2023 年成为一个充满转折与希望的重要节点。这一年，世界在复苏的道路上蹒跚前行，挑战与机遇并存，困难与希望交织。回望过去三年，我们见证了历史的变迁，感受到了时代的脉搏，也在转折的深处，捕捉到了那些闪烁的机遇之光。从经济的重启到科技的飞跃，从社会的重塑到文化的交融，每一个领域都在经历深刻的变革。历史的转折中孕育着机遇，也蕴含着无限可能。

一、在时代浪潮中拥抱变化

作为时代的"分母"，我们的命运始终在时代变局中波动。认清现状是总结经验的必要条件，因此我想跟大家分享 2023 年几个大的背景。

（一）全球经济走势低迷，中国经济具备行稳致远的韧性和底气

整体来看，全球经济复苏脆弱乏力。国际货币基金组织（IMF）2023 年 4 月 11 日发布的《世界经济展望》显示，2022 年全球名义 GDP 总量为 1 002 183.98 亿美元，按可比价格计算，实际增长 3.42%。世界上绝大部分经济体的经济增速都出现较大幅度的回落。加之 2022 年俄乌冲突、全球通胀、美联储加息、能源价格暴涨、供应链紊乱等突发复杂因素的影响，当前的经济衰退周期还在持续。

全球经济发展周期是内生的，但衰退并不是注定的。国家统计局 2023 年 1 月 17 日发布数据显示，初步核算，2022 年全年国内生产总值（GDP）1 210 207 亿元，按不变价格计算，比上年增长 3%。[1] 作为一个非经济学专业的老师，我认为全年 GDP 增速达到 2.5% 至 3%，都是比较符合中国实际发展情况的。急躁冒进不可取，我们必须坚持中央经济工作会议"稳字当头、稳中求进"的发展总基调。中国人口基数庞大，GDP 每增加一个百分点，都相当于过去改革开放初期的若干个百分点。尤其是在消除极端

---

[1]　国家统计局.2022 年国民经济顶住压力再上新台阶［EB/OL］.（2023-02-19）［2024-05-06］.https://www.stats.gov.cn/zt_18555/zthd/lhfw/2023/hgjj/202302/t20230219_1913342.html.

贫困初期，如何防止脱贫人口规模性返贫，通过产业振兴解决自我造血功能问题，仍有很长一段路要走。

整体而言，面对超预期因素冲击，我国经济展现出较强韧性和潜力，"三驾马车"运行平稳。

投资方面，工业制造投资是经济运行的重要支撑。中国拥有 41 个工业大类、191 个中类和 525 个小类，是全世界唯一拥有联合国产业分类中全部工业门类的国家，这是经济发展得以行稳致远的根本保障。2022 年前 11 个月，固定资产投资同比增长 5.3%。其中，制造业投资同比增长 9.3%，快于全部投资 4.0 个百分点。民生领域投资则是补短板的重要抓手，还需持续发力。2022 年以来，受国际环境复杂严峻等因素影响，二季度前期经济有所下滑，4 月全国城镇调查失业率上升至 6.1%，但随着稳经济一揽子政策和接续措施加快落地，就业形势总体改善，三季度城镇失业率总体比二季度下降，进入四季度失业率虽有所上升，但保持基本稳定。❶

我国在医疗资源总量和结构上与发达国家存在差距。2021 年年底，我国有医疗机构 1 014 360 个，其中医院 36 570 个，基层医疗卫生机构 977 790 个，专业公共卫生机构 13 276 个。❷ 值得注意的是，近五年来，尽管医院的数量有所增加，但社区卫生服务中心和乡镇卫生院等基层医疗

---

❶ 国家统计局新闻发言人付凌晖就 2022 年 11 月份国民经济运行情况回答媒体关注问题［EB/OL］.（2022—12—15）［2024—05—06］. https://www.stats.gov.cn/sj/sjjd/202302/t20230202_1896728.html.

❷ 中国政府网 .2021 年我国卫生健康事业发展统计公报［EB/OL］.（2022—12—15）［2024—05—06］. https://www.gov.cn/xinwen/2022-07/12/content_5700670.htm.2022-07-12.

卫生机构的数量却呈现下降趋势。经过有效调配和床位重组，目前我国重症床位资源总体能够支撑需求，但与发达国家相比仍有差距。根据卫健委发布的最新数据，我国每10万人口的重症医疗床位数由11月的不到4张提升12月底的12.8张。[1] 国外调查显示，美国、德国、欧盟每10万人口拥有的重症床位数分别是34.7张、29.2张和14.3张。[2]

出口方面，尽管外部环境复杂严峻，我国外贸进出口仍保持稳健增长。 海关总署发布数据显示，2022年1—11月，我国货物贸易进出口总值38.34万亿元，同比增长8.6%，这一规模已超2020年全年。[3] 根据商务部数据，2022年前10个月，我国实际使用外资金额达10 898.6亿元，按可比口径同比增长14.4%，继续保持两位数增长，外资持续流入。[4] 在此期间，进博会、广交会、服贸会三大国家级展会线上线下联动举办，参展商、成交额纷纷创下新高。

消费方面，当前整体水平处于低位，住房等大宗商品的消费仍然裹足不前，消费市场的弹性复苏仍需耐心与信心。 国家统计局数据显示，2022年1—11月，全国商品房销售面积为121 250万平方米，与2021年同期

---

[1] 国家卫健委.每10万人有12.8张重症医学床位 全国重症床位资源总体充足［EB/OL］.（2022-12-17）［2024-05-06］. https：//baijiahao.baidu.com/s?id=1753354670518733892&wfr=spider&for=pc.

[2] 环球医学资讯.疫情防控"新十条"落地后ICU床位够吗？［EB/OL］.（2022-12-19）［2024-05-06］. http：//www.g-medon.com/Item/67523.aspx.

[3] 北京市人民政府.我国前11个月外贸进出口保持稳定增长［EB/OL］.（2022-12-08）［2024-05-06］. https：//www.beijing.gov.cn/ywdt/zybwdt/202212/t20221208_2872751.html.

[4] 中国青年网.前10个月我国吸收外资同比增长14.4%［EB/OL］.（2022-11-17）［2024-05-06］. https：//baijiahao.baidu.com/s?id=1749749912317873025&wfr=spider&for=pc.

相比下降 23.3%；商品房销售金额为 118 648 亿元，与 2021 年同期相比下降 26.6%。其中，2022 年 11 月单月全国商品房销售面积和金额同比降幅仍超 20%，房地产市场销售未出现明显好转。[1]近几年，房地产业占国内生产总值的比重是 7% 左右，加上建筑业等相关产业占比达到 14% 左右。作为经济发展的支柱产业之一，如何多措并举落实好房地产企业合理融资需求，着力推动保障性住房建设，不仅对于房地产业的稳定发展有积极意义，更关系到人民消费预期，还涉及房地产及其关联行业背后的就业等多重问题。

政策方面加大对消费的引导力度。《扩大内需战略规划纲要（2022—2035 年）》中指出，"要求持续提升传统消费、积极发展服务消费、加快培育新型消费等，从而全面促进消费和加快消费提质升级"[2]。对于传统消费、服务消费、新兴消费此三类消费形态被提及的顺序和关键词，我们还需仔细揣摩其背后的深刻用意。

对于 2023 年的经济运行情况，中央经济工作会议提到"有望总体回升"，同时强调了"经济恢复的基础尚不牢固，需求收缩、供给冲击、预期转弱三重压力仍然较大"。总体来看，2023 年我国在攻坚克难中稳步向前。

---

[1] 国家统计局.2022 年 1—11 月份全国房地产开发投资下降 9.8%［EB/OL］.（2022-12-15）［2024-05-06］.https：//www.stats.gov.cn/sj/zxfb/202302/t20230203_1901681.html.

[2] 中共中央 国务院印发《扩大内需战略规划纲要（2022—2035 年）》［EB/OL］.（2022-12-14）［2024-05-06］.https：//www.gov.cn/zhengce/2022-12/14/content_5732067.htm.

（二）百年变局持续演进，中国式现代化开辟新道路新格局

党的二十大报告中指出，"世纪疫情影响深远，逆全球化思潮抬头，单边主义、保护主义明显上升，世界经济复苏乏力，局部冲突和动荡频发，全球性问题加剧，世界进入新的动荡变革期"。正是在这样的特殊国际环境下，党的二十大胜利召开，不仅擘画了中华民族伟大复兴的宏伟蓝图，更以"中国式现代化"回应了在新时代的"中国方案"。

中国式现代化的重要特征之一是拥有巨大的人口规模。温家宝总理在任期间有一句很经典的话，"一个很小的问题，乘以 13 亿，都会变成一个大问题；一个很大的总量，除以 13 亿，都会变成一个小数目"。因此我们必须立足中国实际，理性看待当下的收入水平和就业问题。官方数据显示，目前我国个人经营非全日制及新就业形态等灵活就业规模达到 2 亿人，而 2021 年我国就业人员为 7.47 亿人，这意味着灵活就业人数占总就业人口约 26.%。《2022 大学生就业力调研报告》，截至 2022 年 4 月中旬，46.7% 有求职计划的应届毕业生已收获聘用书（Offer），远低于 2021 年同期的 62.8%。[1] 不少毕业生的灵活就业，是 2022 年庞大的 1076 万毕业生数量、就业市场紧缩、互联网行业大厂裁员等现实因素裹挟之下的"被动选择"。

我们也必须在世界格局中认清发展环境和趋势。**第一，全球化趋势生生不息。**尽管经济转弱、俄乌冲突、地缘政治等问题此起彼伏，但人类世

---

[1]　上游新闻.《2022 大学生就业力调研报告》发布 应届毕业生平均期望月薪 6295 元［EB/OL］.（2022-04-27）［2024-05-06］.https://baijiahao.baidu.com/s?id=1731244191655683314&wfr=spider&for=pc.

界之间的距离不曾远离。2022 年世界贸易额创下 32 万亿美元的新纪录，商品贸易达到 25 万亿美元，比 2021 年增长 10%，服务贸易达到创纪录的 7 万亿美元，比前一年增长 15%。❶ 中国政府提出的"人类命运共同体"价值观承载了共同发展、合作共赢的美好愿景。**第二，科技前沿正在加快布局**。世界各国正在投入部署人工智能、量子科技、5G/6G、新能源、先进计算、生物医药和太空技术等未来产业技术创新方向，中国也身处在这场全方位竞争之中。信息技术自身发展的同时，也在加速向其他行业和领域渗透融合。在老龄化趋势影响下，AI+ 医疗器械、家庭医疗设备市场规模不断扩大。正如习近平总书记所说，"科学技术从来没有像今天这样深刻影响着国家前途命运，从来没有像今天这样深刻影响着人民幸福安康。"

第三，数字经济发展迈入快车道。全球数字化进程加速，成为推动全球经济复苏的重要引擎。我国数字经济规模在 2012 年至 2021 年，从 11 万亿元增长到超 45 万亿元，数字经济占国内生产总值比重由 21.6% 提升至 39.8%。以北京为例，2022 年前三季度，北京数字经济实现增加值 1.28 万亿元，同比增长 3.9%，北京软件和信息技术服务产业实现营业收入 2.2 万亿元，规模居全国首位。❷《北京市数字经济促进条例》的出台也为北京建成全球数字经济标杆城市的目标提供法治保障。未来，数字化生存将是每

---

❶ 国家发展和改革委员会. 联合国贸易和发展会议发布全球贸易更新报告［EB/OL］.（2022-12-10）［2024-05-06］.https://www.ndrc.gov.cn/fggz/fgzh/gjzzychyjdt/gjzzyjdt/202212/t20221230_1345010.html.

❷ 十年间，规模从 11 万亿元增长到超 45 万亿元——数字经济发展跃上新台阶［N］.人民日报，2022-10-02.

京和学术文库

一个国家、每一个个体"进化"的方向。

（三）Alpha到Omicron，我们从谈"疫"色变到科学认知

公众对于特殊公共卫生事件的认知也在随着病毒的变异过程逐渐深化。据不完全统计，全球范围内新冠病毒变异毒株已经发现超4000种，其中被世卫组织列为关切变异株（VOCs）的毒株有5种：Alpha、Beta、Gamma、Delta、Omicron。

在此情况下，主流舆论在关注特殊公共卫生事件发展大势的同时，还需对恐慌焦虑、从众心理、特定群体歧视、过度娱乐化等各种现象予以关切和考量。这里需要注意两个概念——"台风眼效应"和"负面偏好"。**所谓"台风眼效应"是指离危机事件中心的距离越远，人们对该事件的反应越强。"负面偏好"则是说我们更加容易受到负面消息的影响。**因此，公开透明的环境和及时合理的舆论疏导极其重要。

随着国家对特殊公共卫生事件的应对能力显著增强，救治能力不断提升，防控屏障不断巩固，人们对新冠病毒的认知也在亲身经历中更加科学谨慎，"有害性总体可控""自己是健康的第一责任人"意识正在强化。但必须看到，特殊公共卫生事件在个人卫生与公共卫生之间的博弈关系仍在接受考验，公民特殊公共卫生事件后心理的重建和修复仍处在关键期。

（四）特殊公共卫生事件制造的"疤痕效应"将持续影响个体消费行为

正如普林斯顿大学教授马库斯·布伦纳梅尔在《韧性社会》一书中提到的，严重的危机可能会在三个维度上留下疤痕效应，其中就包括"打击乐观精神和风险承担意愿，给民众留下疤痕"。如今，我们佩戴口罩、使用公筷、健康饮食的生活习惯正在养成，一系列消费行为也在发生变化。

收入水平仍然是影响城镇居民消费的最主要因素。前段时间我动员杭州师范大学的十几名学生，在各自家乡街头发起了一项关于特殊公共卫生事件后消费恢复情况的社会调查，无论是在店主、工薪族、学生群体中，我们几乎没有遇到持所谓"报复性消费"观点的受访者。工资性收入、经营性收入的恢复速度最慢。存款意愿的增强不单纯代表"兜里有钱"，反而意味着消费恢复程度低于预期。2022年第四季度，中国人民银行的调查显示，倾向于"更多消费"的居民仅占22.8%，而倾向于"更多储蓄"的居民占61.8%，比上季度增加3.7个百分点。❶

特殊公共卫生事件强化了人们线上购物、工作和娱乐的习惯逐渐养成。2022年1—11月，全国实物商品网上零售额108 098亿元，同比增长6.4%，增速明显快于线下商品销售，占社会消费品零售总额的比重为

---

❶ 央行调查.61.8%的居民倾向于"更多储蓄"比上季增加3.7个百分点［EB/OL］.（2022–12–17）［2024–05–06］. https://baijiahao.baidu.com/s?id=1753368004455784956&wfr=spider&for=pc.

27.1%。[1] 有研究显示，在 2020 年全球零售业数字化转型中，20%～30% 将为永久性转变。[2] 因此我们有理由预测，消费者的数字化消费行为仍会保持并趋于稳定。

二、突围与寻机，展望 2023 关键词

回顾 2023，提振社会发展信心是 2023 年经济工作的主旋律，归根结底是让每个人感受到经济活力与时代红利。更进一步地说是让没钱的人有钱；让有储蓄的人敢花钱、能花钱；让 1.58 亿户市场主体挣到钱。那么，过去三年哪些行业迎来了变化？我们又能看到哪些潜在的市场机会？

（一）作为第一责任人，健康永远是刚需

2022 年年终有一句话爆火——"每个人都是自己健康的第一责任人"。特殊公共卫生事件带给每个人最朴实的认知在于身体健康是一切财富的来源。2023 年 12 月，从感冒发热的各类药品，到消毒杀菌、家庭健康监测的各类医药器械、运动装备等产品先后出现了供不应求的市场反应。我国是全球布洛芬原料药第一生产大国，自 2023 年 12 月 5 日至 20 日，新

---

[1]　国家发展和改革委员会．数据概览：2022 年 1—11 月份消费相关数据．[EB/OL]．（2022-12-17）[2024-05-06]．https://www.ndrc.gov.cn/fgsj/tjsj/jjsjgl1/202212/t20221229_1344731.html.

[2]　万事达卡经济研究所．复苏观察：电子商务新发展 [EB/OL]．（2023-11-12）[2024-05-06]．https://max.book118.com/html/2023/1111/8104041002006005.shtm.

华制药区间涨幅达 94.01%。[1] 随着产能释放、政府宏观调控等因素影响，2023 年 12 月 20 日，新华制药股价逼近跌停，"布洛芬巨头逼近跌停"冲上微博热搜第一。在 2023 年第一个交易日，A 股蒙脱石散概念股在早间开盘后随即大涨。依靠一时的药品炒作注定是不可持续的商业模式，作为民生保供物资，这类医疗股终有回归市场理性均值的一天，但在未来，伴随着健康中国目标的深入发展，大健康产业中各细分市场潜力值得期待。

党的二十大报告强调，人民健康是民族昌盛和国家强盛的重要标志，要在健康生活、健康服务、健康保障和健康环境等多方面推进建设健康中国。其中既讲道理，也蕴含商机。例如，在康养旅游方面，印度已经做出了很多尝试。"印度治愈"（Heal in India）是印度卫生部推出的重点项目，旨在以多种新方式促进入境医疗旅游，将该国打造成全球医疗和健康旅游中心，将阿育吠陀、瑜伽和自然疗法、悉达和顺势疗法等印度特色疗愈手段与旅游路线相结合。

公众健康诉求增多正在凸显，健康需求不仅体现在医药行业的变革，更体现在了不同领域多元化的健康消费中，许多新消费品牌成为市场宠儿。民以食为天，健康食品产业在健康意识增强、经济水平提升及亚健康人群增多等因素的作用下日益走红。2020 年，国家卫健委等三部门联合发布《中国居民营养和慢性病状况报告》显示，我国慢性病患者的基数仍在

---

[1]　澎湃新闻. 布洛芬巨头逼近跌停，退烧药短缺何时缓解？厂商加班加点生产，多地拆零销售［EB/OL］.（2023−11−12）［2024−05−06］. https：//baijiahao.baidu.com/s?id=1752777927458649950&wfr=spider&for=pc.

不断扩大，占总体死亡率比例有所上升并且患病人群有年轻化趋势。针对不同人群的不同需求已经衍生出了轻食代餐、功能食品、中式滋补和保健食品等多个细分赛道。

百度指数显示，从 2023 年 12 月 5 日到 15 日，电解质饮料成为医疗必需品外的"抢手货"。这一方面得益于官方预防指南的信息提示，另一方面也得益于社交平台的放大器效应，"家庭自制电解质水"一时成为网络热点话题。该话题带动了柠檬热销，2022 年 12 月中旬北京、上海等地新零售电商平台陆续出现了短期柠檬断货的现象，需求远超预期。

电解质饮料是健康食品市场上颗粒度较小的细分领域，受场景和功能的局限仍有百亿元规模，整个功能饮料的市场规模已经突破千亿元。同时，在"朋克养生"的文化背景下，中式滋补产品的年轻化消费趋势也值得关注。"90 后"生长在中国飞速发展的科技时期，在文化自信的大浪潮下对国货品牌有着天然的信任感和认同感。中式滋补是中医膳食文化的精髓，是中华文化里珍贵的一部分。第一财经商业消费中心出品的《2020 中式养身行业洞察》报告显示，"90 后"早已成为线上购买传统滋补营养品的中坚力量，"95 后"在 2020 年线上传统滋补品消费增速最快，逐渐向消费主力靠拢。**新消费时代，为健康付费，没有人会吝啬。守好安全、可信的底线是品牌发展行稳致远的基石。**

（二）下沉市场大有可为

在过去的 10 年甚至更长时间，我们总是把目光放在城市，诚然，城市的规模经济、劳动分工、知识溢出等因素都使得它成为经济增长的引擎和劳动人口的吸纳器。然而，伴随着乡村振兴战略的全面吹响，政策引导下的各行各业将把更多目光投向广袤的乡村地区，在这里开辟新的产业发展蓝海。数据显示，2021 年年底，中国 1472 个县的县城常住人口为 1.6 亿人左右，394 个县级市的城区常住人口为 0.9 亿人左右，县城及县级市城区人口占全国城镇常住人口的近 30%，县及县级市数量占县级行政区划数量的约 65%。❶

　　作为一名文化和旅游领域的研究者，关注乡村文化发展既是时代使命也是产业发展的必然需求。2022 年，北京京和文旅发展研究院社会服务项目中有超过八成属于"农文旅"❷ 领域。所谓"国之所需，我之所为"，北京京和文旅发展研究院日前已经完成通州区 13 个村的基础规划，2023 年我们仍将持续深耕乡村振兴领域，在村容村貌、人居环境整治成果的基础上，通过引入多业态融合的旅游消费来提振县域、乡村经济发展。

　　2022 年 12 月 30 日，国家统计局公布了 2021 年农业及相关增加值 GDP 占比情况，并依据最新农业及相关产业统计分类（2020）首次公布了农林牧渔业休闲观光和农业农村管理服务的增加值。在 10 个产业相关大类中，农林牧渔业休闲观光和农业农村管理服务增加值占比位列第五，农业休闲观光服务背后正是广阔的乡村旅游休闲市场。

---

　　❶　到 2025 年，以县城为重要载体的城镇化建设取得重要进展——25 项建设任务推动县城发展［N］．人民日报，2022-05-09.
　　❷　"农文旅"是一种融合农业、文化和旅游三个领域的新型产业发展模式。

乡村旅游的政策支持力度正在不断加大。2022 年 4 月，文化和旅游部等六部门联合印发《关于推动文化产业赋能乡村振兴的意见》；7 月，文化和旅游部等十部门联合印发《关于促进乡村民宿高质量发展的指导意见》，为乡村旅游的提质升级指明方向。同时，过去三年的全国旅游出游距离和目的地活动半径进一步收缩，乡村游需求仍然处于井喷期，在带动乡村地区就业的同时将拉动乡村地区的新基建，塑造活力乡村。**任何行业都有天花板，要学会以战略眼光发现新的市场需求。**

（三）释放，激活老年人的生产力和消费力

2022 年，人口领域发生了巨大变化。世界人口突破了 80 亿，而我国即将进入人口负增长时代。根据我国目前的生育率大致判断，人口负增长的局面短期无法破解，人口红利对应下的劳动密集型发展模式宣告结束，我国迈向了提高人口质量的新阶段。人口因素始终是中国经济发展的重要因素，正如中国社会科学院原副院长蔡昉所说，中国经济将回归不一样的常态。

如何将庞大的老龄人口"负担"，转化为社会的"财富"？关键在于既要释放老年群体的消费力，同时又要提升老年群体的生产力。2021 年服务业占 GDP 比重已高达 54%，是拉动中国经济的第一大产业，更是未来消费升级的重要方向，银发一族日趋多样化的消费需求更需要被重视。《QuestMobile2022 银发经济洞察报告》中发现，银发群体在消费、娱乐等领域持续渗透，不同生活发展环境形成都市与下沉银发群体"有钱""有

闲"的差异化特征，体现在行业渗透率上，显示出都市银发人群和下沉市场银发人群的行业偏好明显不同。❶

因此，满足银发群体的需求提升，更需要注重产品的适老化设计。该报告同时显示，2022 年 8 月，银发用户在智能设备行业月活跃用户规模超5000 万，在智能家居、智能穿戴、智能汽车等多行业活跃用户数均有显著提升。在提升老年群体的生产力方面，不可避免地需要涉及老年教育和技能培训领域，《"十四五"老龄事业规划》提出，鼓励发展老年大学、推动养老领域产教融合，在知识社会的影响下，老年教育市场也将迎来新发展。此外，我们还要关注老年心理疏导问题。

（四）户外运动产业方兴未艾

2022 年 11 月，国家体育总局、国家发展改革委会同工业和信息化部等八部门联合印发《户外运动产业发展规划（2022—2025 年）》，该规划首次提出，到 2025 年全国户外运动产业总规模超 3 万亿元。❷

户外运动产业为什么能这么火？**一方面，相比较传统运动、居家运动私人化、场景体验单一化的健身方式，户外运动的体验则多元的。**一场骑行可以串联城市与乡村旅游打卡地，也可以成为文化体验的一种方式，场

---

❶ 澎湃新闻.银发经济洞察：下沉市场成增长核心，购物、医疗等消费爆发［EB/OL］.（2022-10-20）［2024-05-06］.https：//m.thepaper.cn/baijiahao_20364219.

❷ 中国政府网.国家体育总局、国家发展改革委等部门印发《户外运动产业发展规划（2022—2025 年）》［EB/OL］.（2022-11-07）［2024-05-06］.https：//www.gov.cn/xinwen/2022-11/07/content_5725154.htm.

景空间的扩大使得体育和生活、旅游、文化等各领域可以进行深度链接，在这个契机下，户外运动服务业将迎来利好。**另一方面，2022 年从露营、飞盘到骑行，它们承载了人们对自然环境的渴望，同时也将社交元素融入每一个火爆的过程中。**从参与人群来看，参与户外休闲运动的爱好者集中在一、二线地区，"80 后"和"90 后"人群是城市户外运动的主力军。从爆火路径上来看，以小红书的种草机制和以抖音为代表的食品内容社区共同推动了户外运动的爆火和出圈。以飞盘为例，飞盘早期较为小众，全国俱乐部数量不到 50 家，而在 2021 年 11 月和 12 月小红书发起飞盘相关话题支持后，截至 2022 年 5 月，全国较为正式、规模较大的俱乐部、社群数量已超过 200 家。

在满足社交需求的同时，运动户外制造产业也迎来利好。统计数据显示，"双 11"电商狂欢大促中，登山露营产品同比销售增长 100% 以上，多个户外运动及露营装备品牌，2022 年 11 月 1 日第一个小时成交额均超 2021 年 11 月 1 日全天。此外，2022 年上半年，我国露营天幕、便携桌椅床、滑雪装备销售额分别增长 331.8%、123.1% 和 72.7%。[①]不仅如此，在带动国内运动消费的同时，也带动了海外消费市场。

中国产业用纺织品行业协会发布的行业报告显示，2022 年 1—7 月，我国篷布、帆布规模以上企业的营业收入和利润总额分别同比增长 10.5% 和 36%，增长势头良好。同时，我国篷布、遮阳布所属的产业用涂层织

---

①　邱超奕. 户外运动装备产业加快成长：休闲健身需求火热，帐篷、飞盘、登山装备等产品深受青睐［N］. 人民日报，2022-10-26.

物，成为产业用纺织品行业最大的出口产品，出口额 30.2 亿美元，同比增长 30.4%。在这片 3 万亿元的蓝海市场中，仍有着无限可能。❶

（五）链接与迁移，寻找数字时代的生存智慧

数字化改变了每个人的思维方式和工作、生活习惯。例如，在线教育、在线办公等行业成为常态化。网课、慕课形式越发成熟多元。过去三年，我一共录了将近 100 节线上课，2022 年，我号召发起了"文旅专业前沿系列公益讲座"活动，团结了来自清华大学、北京大学在内的 11 所高校专家共同完成了 11 讲内容的录制，并在网络上广泛传播。在线办公也成为新常态。2021 年，在线协同办公平台平均月活为 3.47 亿，相较 2020年 4 月 4.68 亿峰值有所回落，但行业渗透率保持在 60%，形成了长期的普及应用趋势。❷

数字化的便利与困扰是交融的。2022 年被认为是 AIGC（自动化内容生成）元年，机器实现了 AI 绘画，可以通过文字生成图像。中国信息通信研究院云计算与大数据研究所所长何宝宏认为，2022 年 AI 绘画和 Chat GTP 的重要性不亚于 2016 年 Alpha Go 战胜人类围棋冠军的价值。在英

---

❶ 赵爱玲 . 运动户外产业 海外市场机遇井喷［EB/OL］.（2022-12-29）［2024-05-06］. https://baijiahao.baidu.com/s?id=1753560657266880170&wfr=spider&for=pc.

❷ 艾瑞咨询 .2021 年中国协同办公市场研究报告［EB/OL］.（2021-04-06）［2024-05-06］. https://www.doc88.com/p-70859515257745.html.

国，Stability AI[1] 凭借 AI 绘画开源技术获得了高达 1.01 亿美元的融资。国内初创公司也凭借在 AI 生成图片领域赢得了资本的押注，生成式 AI 平台 TIAMAT 在短期内就获得了 DCM 的数百万美元天使轮融资。资本的火热、变现路径的模糊、版权争议不清、职业挑战危机纷至沓来，在数字化时代，我们不仅要在适应中生存，更要在资本热潮中保持理性。

（六）互动，不断发现新的情感和社交需求

马斯洛有言，如果生理需要和安全需要都很好地得到了满足，爱、感情和归属的需要就会产生。2021 年我在给清华大学文创学院同学们讲课的时候提到了"悦己消费"，引发了同学们的强烈共鸣。相信为自己买单的快乐，很多人深有体会。人类在各个历史发展阶段都离不开彼此的互动交流，并随着科技的迭代进步，互动在时空、内容、形式等方面都更加立体与丰富。在如何互动上下功夫，会发现新的消费商机。

人与自然的互动衍生出了宠物经济。中国的宠物市场经过 20 多年的发展，已经进入快速扩张时期。随着消费者的养宠意识与消费习惯的逐步建立，宠物消费呈现大幅增长的态势。《宠物行业蓝皮书：2022 中国宠物行业发展报告》显示，2017—2021 年我国宠物市场高速发展，2021 年宠物市场规模达到 1500 亿元，随着更多的人加入养宠大军，以及养宠理念的不断升级，未来宠物市场将持续蓬勃发展，2022 年宠物市场规模预计达

---

[1]　Stability AI 是一家专注于开发生成式人工智能技术的公司，其目标是通过开放访问的人工智能模型来解锁全球的创造力、创新力和生产力。

1706 亿元。同时，资本的持续加码也在助推宠物各个细分赛道的快速发展，宠物赛道玩家开启上市潮。2021 年，中国宠物服务行业融资额达 105 亿，融资事件达 71 件，较 2020 年分别增长 71.1% 和 48%。❶

人与虚拟世界互动衍生出了数字人产业。数字人❷的应用场景越来越多，并实现了从 2D 到 3D、从静态、动态到可交互的跨越。目前，数字人已在企业服务、影视动画、文化传媒等领域得到广泛应用。数据显示，2021 年中国虚拟人带动产业市场规模和核心市场规模分别为 1074.9 亿元和 62.2 亿元，预计 2025 年分别达到 6402.7 亿元和 480.6 亿元，呈现强劲的增长势头。❸说到数字人产业，必然绕不开元宇宙。2021 年 11 月我发表了一篇文章，其中提到"对于资本市场的竞逐"，特别是部分企业对"元宇宙"表现出的巨大兴趣和带有煽动性的很多观点要引起注意，避免市场盲从跟风，到现在我依然坚持这个观点。孔子讲中庸之道。何谓中庸？不偏不倚乃中庸，中庸就要掌握火候。我们在看待这个新概念及衍生出的新业态时依然要持谨慎态度，"让子弹再飞一会儿"。

---

❶ 亚宠研究院. 宠物行业蓝皮书：2022 中国宠物行业发展报告［EB/OL］.（2022-09-26）［2024-05-06］. https://www.163.com/dy/article/HI7MHDS80511B3FV.html.

❷ 数字人是指利用计算机图形学、人工智能等技术创建的虚拟人物形象。这些虚拟人物通常具有高度逼真的外观和动作，能够模拟人类的行为、语言和情感表达。

❸ 艾媒咨询. 2022 年中国虚拟人产业商业化研究报告［EB/OL］.（2022-04-26）［2024-05-06］. https://baijiahao.baidu.com/s?id=1731131983589613194&wfr=spider&for=pc.

（七）大博弈下，中国开放与对外交流的脚步不会停歇

根据最新的出口数据，随着新十条和"乙类乙管"的政策落地，我国出入境政策迎来了最大调整。尽管 2022 年受特殊公共卫生事件供应链影响、海外需求疲软等因素，我国出口规模呈现下降趋势。但长期来看，国际旅游、商务交流与合作的大门重新开放仍然会利好我国出入境市场的恢复。入境旅游是我国旅游业发展的重要组成部分，也是推动中国对外开放和国际交流合作的重要载体。在 2019 年，我国入境旅游人数为 1.45 亿人次，2020 年，我国共接待入境游客 2747 万人次，同比下降 81%，恢复空间巨大。[1]

随着我国出入境政策的优化调整，海外游市场正全面回暖。2014 年，中国公民当年出境旅游首次突破 1 亿人次，到了 2021 年，中国出境旅游人次仅 2600 万。2023 年，人们的出境旅游意愿开始回升，同程旅行数据显示，春节前签证咨询量同比上涨 8 倍。马蜂窝数据显示，政策较为宽松、距离较近的亚洲地区国家率先迎来第一批中国游客。马蜂窝攻略品牌"北极星攻略"的泰国、日本、新加坡攻略近一周平均浏览量环比上涨超过 150%。同时，旅行社业务和人员素质能否支撑得起特殊公共卫生事件后服务质量也是出入境旅游市场的一大考验。我们已然无法回到 2019 年，面对 2023 年，只有直面新的挑战才有生存的希望。

---

[1]　中国旅游业行业市场发展现状及投资前景展望报告［EB/OL］.（2022-09-08）［2024-05-06］. https：//www.sohu.com/a/583345500_120942209.

三、"新常态时期"，我们如何修炼自己？

大变局时代，正如前面讲到的那样，社会心理、社会治理、经济环境和世界环境都在急剧变化。时代的尘沙落在每个人身上就是一座山，特殊公共卫生事件带来的心理创伤并没有伴随着管控的措施调整迅速消失。我认为用"新常态时期"来描述，或许更符合当下的社会现实。经济在流动中慢慢恢复，熙熙攘攘的人群孕育着新的希望。在这样的时期，关于个人发展、企业生存、社会治理方面我最后再和大家分享几点思考。

（一）在庞杂的信息中，仍应回归理性和科学

第 53 次《中国互联网络发展状况统计报告》显示，截至 2023 年 12 月，我国网民规模达 10.92 亿人，较 2022 年 12 月新增网民 2480 万人，互联网普及率达 77.5%。❶ 在数字时代，是你控制信息，还是信息控制了你？数字时代，置身信息迷雾中，如何拨云见日，回归理性？

谣言的迅速传播造成居民大量囤货的事件屡见不鲜。当社会还没从BA5.2 型的病毒感染中完全走出，新型病毒的信息已经扑面而来。"后真相"成为数字信息时代的一个鲜明特征。《纽约时报》对后真相的定义是——情感及个人信念较客观事实更能影响舆论的情况，在这个定义中凸显了情感和信念的主观性对人的行为判断的作用。换句话说，人们会更愿

---

❶ 中国互联网络信息中心. 第 53 次《中国互联网络发展状况统计报告》[EB/OL].（2024-03-22）[2024-05-06]. https://www.cnnic.net.cn/n4/2024/0322/c88-10964.html.

意相信自己想要相信的。尤其在信息面前，担忧情绪远远大于对信息本身的分辨。然而在"新常态时期"，恰恰每个人都应该学会并最终拥有不断提高分辨信息的能力。

拥有这个能力并不是一件易事，因为信息的专业性和传播渠道来源的复杂性往往是一团迷雾，正因如此，网络科普博主、网红及权威专家的声音备受关注。在网络热搜上我们经常可以看到对同一件事情在不同方向角度和立场可能会得出并不一致的结论。例如，某专家建议多喝水，但另一位专家提示过量饮水或致"水中毒"，专家的话到底该不该信，该信谁成为互联网舆论上的关注热点。"建议专家不要建议"的热搜频频出现，衍生出很多讽刺段子，这些信息的背后正是专家或是网络名人公信力降低的表现。**由于信息传播的碎片化和快速阅读的信息消费习惯及舆论环境的复杂性等因素的影响，今后我们面临的网络环境更加复杂，因此更需要让"真相"飞一会儿；让信息阅读速度"慢下来"，比起相信不明身份的"专家"，我们更需要相信科学的力量。**20 世纪 70 年代末，在国内结束动乱、国家百废待兴的关键时刻，邓小平同志提出了"尊重知识、尊重人才"的口号，掀起了追求知识和真理的社会风潮，今天，我们仍然需要喊出"尊重知识、追求真理"的口号，面对这个时代变化的各类思潮，做出自己的判断。

（二）拒绝躺平、提升技能是青年生存之道

2022 年，稳市场主体、稳就业是全年经济任务的重中之重。在稳就业

的群体中，16～24岁青年人的就业又成为主要任务。从一组数字来看，2022年失业率相较过往三年数据对比都有所增长。7月，在毕业季的压力下达到历史最高值，尽管8月以来数据呈下降趋势，但和往年相比情况稍显严峻。

同时，考研考公热潮仍在继续，2022年考研报考人数是2019年的1.6倍；国家公务员局官网11月消息称，2023年国考总报名人数首次突破250万人。通过考研、考公形式延缓就业竞争压力和规避社会不确定性风险已经成为很多学生的选择。习近平总书记在2023年的新年贺词中讲到，青年兴则国家兴。如何革新职业认知、梳理职业需求、提升个人技能和保障就业权利是更为重要的问题。人民网人民数据研究院联合环球青藤发布《2021青年就业与职业规划报告》显示：27.6%的青年拥有2份及以上的工作，"斜杠青年"占比超过25%。其中，9.8%的青年从事2份工作，17.8%的青年从事的工作数量在3份及以上。● 灵活就业既有可能是一种个人选择，也不可避免会是遇到挫折中的被迫方案，但无论是哪一种，都值得社会尊重。**青年人未来的选择，既要有仰望星空的梦想，也要有脚踏实地的实践，风物长宜放眼量**。我们不必以专业、一时的职业限定未来发展的可能，但未来的发展建立在知识和经验的沉淀与积累之上，彻底的躺平和长期的消极是我们反对的价值观，机会总是留给有准备的人。

---

❶　人民资讯. 2021青年就业与职业规划报告：应届毕业生就业心态倾向求稳 副业、新职业或增加就业机会［EB/OL］.（2022-01-12）［2024-05-06］.https：//baijiahao.baidu.com/s?id=1721748995325589713&wfr=spider&for=pc.

（三）品质化时代来临，你是否做好了准备？

"品质化""高质量发展"这些要求，不仅针对广大企业，也针对个体本身。我从40年前就给学生讲，我对你们的最高评价就是"这个人靠谱"。事事有回音，件件有着落就是一种靠谱，是个人修为的基础。**对企业而言，面对政策调整，不要对报复性消费抱有幻想，而是要从基础业态的品质提升中去下功夫。**

以电影产业为例，2023年元旦假期，电影产业加速恢复。2024年1月1日，国家电影局公布2023年电影票房为549.15亿元，其中国产影片票房为460.05亿元，占比为83.77%；城市院线观影人次为12.99亿。[1]市场优质影片的供应不足的问题被再次放大。电影业是服务消费的其中一个小类。服务消费整体是否会迎来报复性消费，我们可以从海外的恢复情况借鉴相关经验。限制措施的放松可以使得部分线下行业需求得到集中释放，这一点在民航、旅游等领域表现与国外一致。以美国为例，从2020年4月到2021年3月，美国政府陆续推出CARES法案、应对与救助法案、救援计划三轮共计5万亿美元左右的财政刺激，支撑特殊公共卫生事件后消费快速修复。以发放现金到个人的方式强力刺激个人消费支出，但伴随着财政补贴计划逐渐退出，个人消费支出增长放缓。2022年以来，伴随着限制措施全面解除，叠加高通胀的影响，美国个人消费名义总支出保持快速增长。但是服务消费恢复明显慢于商品，尤其是与文旅行业密切相关的交

---

[1]　国家电影局.2023年全国电影票房为549.15亿元［EB/OL］.（2024-01-01）［2024-05-06］.https://baijiahao.baidu.com/s?id=1786851753797477640&wfr=spider&for=pc.

通和娱乐类服务消费尚未恢复到 2021 年水平。对此，国内证券公司对美国消费支出的恢复情况做了细致调查。各品类的修复情况，美国商品消费的恢复明显快于服务消费。在大规模财政补贴的刺激之下，美国商品消费在一个季度内完全恢复，而服务消费则缓慢修复。2022 年第二季度以来，随着美国全面放开限制措施，叠加假期出行高峰将至，服务和非耐用品消费增长加速，耐用品增速有所放缓。

综合相关信息，海外经验告诉我们，服务消费的恢复速度需要更长的时间，在修复过程当中，仍有很多因素会成为消费者降低消费的原因，如病毒变异的不可控性带来的政策变化及在数字化、品质化消费趋势下，产品质量因素都会带来消费者的消费心理的变化，为此企业应该做好应对的准备。

特殊公共卫生事件后企业信心的恢复需要时间，也需要良好的发展环境。数据显示，2021 年，我国民营经济税收贡献已达 59.6%，民营企业占市场主体的 96%。民营经济具有"五六七八九"的特征——它贡献了 50% 以上的税收，60% 以上的国内生产总值，70% 以上的技术创新成果，80% 以上的城镇劳动就业，90% 以上的企业数量。[1]2022 年中央经济工作会议明确指出，要从制度和法律上把对国企民企平等对待的要求落下来，从政策和舆论上鼓励支持民营经济和民营企业发展壮大。在此引导下，作为稳增长、稳就业的重要保障，广大民营企业、中小微企业仍期待在政策引导、要素分配和社会舆论等方面的更多关注与支持。

---

[1]　2022 年前三季度新增企业贷款超一半投向民营企业——强化民营企业金融服务 [N].经济日报，2023-01-10.

京和学术文库

（四）凝聚共识，社会公信力亟待重建

2023 年的主基调是恢复市场信心，促进经济发展。对于社会发展而言，更需要依靠各方重建社会公信力。过去三年为我们留下了很多集体记忆，但不可忽视个体感知的差异性。这三年，我们经历了对未知病毒的完全恐慌到逐步共存的认知转变；经历了在乙类甲管政策下的政府强力措施的严格保护和乙类乙管政策下个人担负起健康第一责任人的行为转变；经历了从社会"失序"到"重振"的转变，面对这些，每个人都有不同的感受。

作为政府机构，面对三年来社会治理的新趋势，法治化是必不可少的工具。同时，作为媒体、研究机构等公共机构而言，发挥自身价值，推动公信力的重塑在"新常态时期"显得尤为重要。细数三年来的谣言传播与辟谣结果，媒体在其中起到的作用是什么？我认为，**作为公共机构，应该朝严谨、客观、真实和有温度的方向坚实迈进。**

第八讲
让文物活起来，助力文化繁荣发展

刘玉珠 *

———————

　　文化是民族的精神命脉和创造源泉。党的二十大报告明确了"推进文化自信自强，铸就社会主义文化新辉煌"的重大任务，就"繁荣发展文化事业和文化产业"作出具体部署安排，指出"加大文物和文化遗产保护力度"。如何在"保护好"的基础上，进一步发挥好新时代文物工作的作用？2013 年 12 月 30 日，习近平总书记在主持十八届中共中央政治局第十二次集体学习时强调，"要系统梳理传统文化资源，让收藏在博物馆里的文物、陈列在广阔大地上的遗产、书写在古籍里的文字都活起来"。这是习近平总书记关于"文化活起来"的首次重要论述。十年来，"让文物

———————

　　* 刘玉珠，中国文物保护基金会理事长。

　　　　　　　　　　　　　　　　　　京和学术文库 ●

活起来"已成为关于文物工作最鲜明的原创性思想。

文物是汇集历史、科技精华，展现和激发人类创造力的重要载体。2023年春晚的舞台设计就广泛运用了惊艳的传统舞蹈，其灵感来源于国家一级文物，新疆尼雅遗址出土的"五星出东方"织锦护臂。最近几年，可以说国潮之风正在引领消费的潮流。比如，陕西的长安十二时辰景区，游客熙熙攘攘，考古盲盒供不应求，博物馆的联名款设计产品受到热捧，汉服市场消费者短短几年已经超过百亿人。各个产业通过深度挖掘中华传统文化的内涵和底蕴，促进了新消费，也实现了"自来水"的广泛传播。2022年，故宫韩美林先生的《天书》大展轰动一时，甚至他自己都感到意外。展出以后，来和他合作的都是一些世界知名企业，如LV、爱马仕等，在设计里面运用了《天书》元素，这对中华文化有着重要的传播作用。近年春节期间消费逐渐复苏，有数据显示，像故宫、河南博物馆、陕西历史博物馆、三星堆博物馆、国家博物馆、南京博物院等众多博物馆成为热门打卡的目的地。近年来河南博物院文创及相关产品的收入也实现了倍增。市场火热的背后是广大人民群众对文博文物的追捧，人们对于文物"活起来"的热情参与已经成为社会现实。

长期以来，文物都是小众，以往很难在主要领导的会面和交谈中被谈及。但是最近几年文物正在成为一个必谈的话题，说明文物的价值、作用受到广泛认可。特别是党的十八大以来，中央对于文物工作的高度重视，习近平总书记两次以文物考古为主题，亲自组织中共中央政治局集体学习，并对文物工作作出了系列重要的指示、批示。党的二十大报告也提出，要加大文物和文化遗产保护力度，加强城乡建设中历史文化保护传承。国务院《政府工作报告》当中也明确提出要弘扬中华传统文化，加强文物和文化遗产传承保护，实施文化惠民工程，公共图书馆、博物馆、美术馆、文化站要向社会免费开放。

一、文物工作的时代特色

从我国文物事业的发展来看，文物工作是以"保护为主、抢救第一、加强管理、合理利用"这 16 字方针为引领的。现在，中央公布了新的文物工作方针，即"保护第一、加强管理、挖掘价值、有效利用、让文物活起来"。这是形成历史性的认识和发展过程，也代表了不同的时代特色。中华人民共和国成立以后，针对我国丰富的历史文化遗产，国家采取了许多的保护措施来进行分级、重点管理。其中，确定、公布全国重点文物保护单位，是中国政府在全国范围内依法采取的一项加强文物管理的重大措施。1961 年 3 月，国务院公布了第一批全国重点文物保护单位 108 处，制定了文物保护管理条例。1982 年公布了第二批全国重点文物保护单位，共62 处。1982 年 11 月，全国人大常委会通过并颁布了《中华人民共和国文物保护法》，对中国文化遗产资源管理实行法制化管理。1992 年 5 月，在西安召开的全国文物工作会议上，党中央、国务院提出了"保护为主，抢救第一"的文物工作方针，确定这一方针是由于文物的特性和文物工作的特点所决定的。文物是不可再生的文化资源，是历史的见证，是中华民族智慧和创造力的结晶。我国历史悠久，中华文明一脉相承。在文物上表现的特点之一是年代久、数量大，许多文物如不及时抢救，就可能损毁，是永远无法弥补的损失。由于需要保护的文物多，虽然投资在不断地增加，也难以完全满足保护文物的实际需要，所以只能抓重点，先抢救损坏严重的文物。同时，强调保护为主，把抢救放在首位，也是当时文物工作面临的新问题所需要坚持的。分管宣传文化工作的政治局常委李瑞环同志，在"保护为主，抢救第一"的主题讲话中，提出只有坚定不移地把抢救放在首位，采取不同的措施妥善解决这些问题，大批濒临危亡的文物才能得救，同时，也只有把抢救放在首位，才能引起人们对这些问题的重视从而动员全社会。

此后，国务院又提出了"有效保护、合理利用、加强管理"的文物工作原则。**实践证明，对文物合理、适度、科学的利用，有利于文物保护。如果违反了合理、适度、科学的利用，则一定会对文物造成损坏，甚至是造成破坏。**同时，对文物的合理利用，发挥文物的作用也应该是多方面的、多种形式的，应该有全面的认识和把握。文物的合理利用都应遵从遵守国家文物保护的政策和法律，在保护好文物的前提下进行适度和科学的利用。文物工作的方针和文物工作的原则，很好地指导了文物工作实践，符合我国文物工作的实际需要。所以，在文物保护法的修订过程中，总结以往的经验，根据文物的特性、文物的价值和作用、文物保护的现状、文物工作的性质和任务，把"保护为主、抢救第一"的方针和"有效保护、合理利用、加强管理"的原则概括成新的文物方针，并上升为法律。《中华人民共和国文物保护法》第四条规定文物工作贯彻"保护为主、抢救第一，合理利用、加强管理"的方针，更加完整和科学，也进一步规范化、制度化，具有稳定性和权威性。文物工作的 16 字方针，是对中华人民共和国成立 50 多年来文物工作的客观总结，既体现了我们对文物事业发展内在的规律认识的逐步深化和完善，也体现了当今世界文化和文物事业发展的总体趋势，同时还赋予了新时期文物事业发展的全新理念，是历史和发展的双重体现。审时度势，在传统和现实的结合中与时俱进。我们还须认真学习领会，把握精神实质，不断开创文物工作的新局面。

2022 年 7 月，全国文物工作会议确定了新时代文物工作的 22 字方针："保护第一、加强管理、挖掘价值、有效利用、让文物活起来。"《中华人民共和国文物保护法》是 1982 年 11 月颁布实施的，经过了五次修正和一次修订，现行的是 2002 年的修订版本。2018 年国家文物局启动文物保护法修订，很多人提出原来的文物工作方针的作用是明显的，但已经不能全面准确地反映了新时代文物工作的特点。所以，根据新时代文物工作的时代特征和要求，有必要对文物工作方针进行微调。还有一个重要的原因，在我们原来的 16 字方针中提出合理利用，但在执行的过程中还是有不同的理解。大家认为文物工作主要是保护利用，却不是"第一"。随着习近平总书记提出"让文物活起来"，就是怎么样让文物更好地在经济社会发展和中华民族伟大复兴中发挥作用。开始要修订文物工作的 16 字方针，把"抢救第一"改为"保护第一"，提出关于对文物价值的发掘和对文物的有效合理科学的利用，为经济社会发展服务也是文物工作应有之义。**新**

时代文物工作的方针，"保护第一"是前提，加强管理是保障，挖掘价值是基础，有效利用是路径，让文物活起来是目标。坚持保护第一，始终把维护文化遗产的历史真实性、风貌完整性、文化延续性。做文物工作的根，加强管理，原来方针的保留部分比较容易理解，挖掘价值是新增的内容，也是文物事业发展的其中之一，更是保护和传承文物的基础。发掘文物的价值是时代的需要，也需要文物界、理论界等各方努力配合，才能挖掘其价值和文化的内涵，把原来的合理利用变为有效利用，适应经济社会发展的需要，进一步调动和激发各方的积极性、主动性和创造性。关于文物方针，在不同时期对文物保护的整体工作的重要作用，特别是新时代文物工作方针的调整，在保护第一的前提下，让文物活起来，是文物工作的工作目标。

二、如何正确理解文物活起来

2013 年 12 月 30 日，习近平总书记在中共中央政治局第十二次集体学习时提出，要系统梳理传统文化资源，让收藏在禁宫里的文物、陈列在广阔大地上的遗产、书写在古迹里的文字都活起来。2020 年 9 月 28 日，在中共中央政治局第二十三次集体学习时强调，让收藏在博物馆里的文物，广阔天地上的遗产、古迹的文字都要活起来。习近平总书记反复关心强调文物资源的活化利用，目的就是要推动中华文物成为加强社会主义精神文明建设的深厚滋养，成为扩大中华文化国际影响力的重要名片。

如何理解习近平总书记提出的"让文物活起来"，各方面还是有不同的认识，也值得我们进一步地探讨。文物活起来，从字面上很好理解，就是文物市场活跃、文物政策放宽、文物流通能够成为自由，文物就会活起来。这还不是很全面。流通可以增加社会财富，但流通只是一个方面，全面理解习近平总书记的话，需要从更广的维度来认识这个问题。文物的知识和价值传播对增强历史自觉、坚定文化自信的重要作用，日益被大众广泛认同。让更多文物和文化遗产活起来，揭示其蕴含的思想观念、人文精神、道德规范，丰富全社会的历史文化滋养，增强做中国人的志气、骨气、底气，正成为广大文博工作者的共同追求。所以，我的理解是"活起来"，首先是中华文明延续发展的需要。人类社会从发现人类活动到现在已经几百万年了，我们中华文明五千年，是随着考古工作的努力和成功，才被这个世界所接受认同。西方一些学者原来认为中华文明是从甲骨文开始，也就3300年左右。2019年7月，在阿塞拜疆的首都巴库召开的第43届世界遗产大会上，良渚文化申遗成功，等于西方主流社会承认了我们中华文明五千年，对中华文明而言，具有里程碑式的意义。**中国作为四大文明古国之一，能够延续下来，其中重大的原因就是文化基因的传承。有了文化基因的传承，造就了中华文明不同于其他的文明形态。**习近平总书记提出的四个自信，其中最重要、最基础的就是文化自信，因为文化自信就源于我们悠久的历史文化。所以，文物活起来可以提高人民群众的生活品质，文物资源的充分利用可以产生综合效益，既有精神层面的，如价值观、思维方式和生活方式，影响是长期的，又有物质层面的，如文物的展览展示、文物市场的交易等所创造的价值，是直接、可观的。正是这些活动，在潜移默化人们的精神世界，改变了人们的物质世界。既能提高国民素质，又能提高人们的生活质量，促进社会进步，推动社会发展。

文物活起来的意义不仅仅是增加一点物质财富，同时也助力扩大中华文化的影响力。文物活起来，不仅是增加人民精神文化的素材，也不仅仅是增加经济总量或者创造经济价值，而是中华民族伟大复兴所承担的越来越重的任务。在构建人类命运共同体上，习近平总书记又提出了人类命运共同体的全球文明的价值观。要保护好中国的文物，要传承和利用好中国的文物，不仅在国内，而且要在世界来传播中华文明，让大家都知道中华文明五千年，但是中国在国际上的话语权，还是属于西强我弱。西方主流社会虽然承认了中华文明历史悠久，但是我国文化的影响力、传播力与作为一个文化大国、文明古国相比，应该说还是很不匹配的。习近平总书记提出的构建人类命运共同体，文化在这里面所承载的任务也是特别重要的。**所以在目前的国际大背景下，加上地缘政治的影响，意识形态、宗教信仰、价值观还有消费习惯，要取得共识是很难的。**

我原来在文化部工作的时候，曾经有两次陪同领导参加亚洲文化部部长会议。在会上，我们提出亚洲各国要加强文化方面的合作。提议都认可，但一到具体讨论的时候，大家在文化合作方面都是持特别谨慎的态度。因为文化涉及价值观，涉及国家性质，涉及意识形态、宗教信仰等，甚至还有人认为文化受国家主权和历史方面的影响很深，所以对具体合作避而不谈，除了搞一两次展览、演出这种活动以外，真正深入的文化领域的长期合作，部长们很少提及。但大家也有一个共识，就是文物的合作。中国是一个文明大国，文物在国际上的影响力也是巨大的，包括我们的考古展览、人才的培养培训、国际交流合作等。所以，国家文物局组织了在国外的考古交流合作。我们现在每年还承担着联合国教科文组织关于对全球文物相关修复、人才培养方面的任务。因此文物的共同点应该说在各国，不管社会制度还是宗教信仰的不同，对文物的认识大家还是有共识的。

三、文物促进文化事业和文化产业发展的路径

我国的文物资源得天独厚，现有 57 项世界遗产，各类不可移动文物 76.67 万处，国有可移动文物 1.08 亿件套，全国重点文物保护单位 5058 处，备案的博物馆 6833 家……这些都是我们文化事业和文化产业发展的重要资源宝库。如何让它活起来？它的历史价值、意义在什么地方？从以下几个方面来理解。

一是要盘活文物资源，打造文化事业和文化产业繁荣发展作为一个核心的内容。文化产业的繁荣发展，文物资源是优质内容。供给首先要从政府所掌握的文物资源做起，博物馆、文博单位、公共文化机构要研究如何提升文物的质量和服务水平，以便更好地为国民提供服务。以博物馆为例，博物馆的数量从原来的 2000 多家到现在的 6000 多家，走进博物馆的

人数最多的是 2019 年，是 12.27 亿人次。[1] 这么多人走进了博物馆，对国民素质的提升，国民生活品质的提升都是很有意义的，为经济社会发展提供高质量的公共文化服务。

2023 年 3 月，由全国政协文化文史和学习委员会主编，由刘奇葆、刘新成两位政协副主席担任主任的《大运河》《长城》《长征》《黄河》四大画传，在历时四年并汇聚全国各方面力量后，正式出版发行。这些作品面向广大读者，尤其是青少年读者。画传力求以生动的笔法、优美的图画为基本，以线串画，以画映现，图文并茂，相得益彰，用一个个生动细微的故事串起了这些历史。中央提出关于建设国家文化公园，现在又提出长江文化公园。这四本画传出版以后，第五本长江画传继续做。这套书主要是针对初中以上文化程度的人，故事性特别强，而且很新颖，属于让文物活起来的一种新方式。通过画传来传播中华民族伟大的创造精神、奋斗精神、团结精神和梦想精神。

除了党和政府大力发展公共文化事业以不断满足人民群众的文化需求外，更要通过发展文化产业、繁荣文化市场来实现。中国现在的文化市场、文化产业，应该说经历了 40 年风雨，曲折迂回，特别是 20 世纪 80 年代初，关于"文化有没有商品属性，能否作为商品"的相关讨论前前后后就经历了十年，争论特别激烈。党的十四届六中全会通过了《关于加强社会主义精神文明建设若干重要问题的决议》，提出了繁荣健康的文化市

---

[1]　新华社.2019 年我国博物馆接待观众 12.27 亿人次［EB/OL］.（2020-05-18）［2024-05-06］.https：//www.gov.cn/xinwen/2020-05/18/content_5512680.htm.

场。如果一个市场要繁荣，没有产业做支撑，是很难繁荣起来的。但人们对文化市场的认识有一个过程，同时在文化市场管理当中又会出现很多问题。当时社会的主流认识中，像网络、网吧，有人就认为是电子海洛因，是青少年犯罪的温床，有百害而无一利。正是由于有党中央坚定的支持，有各级党委和政府的支持，有全国的文化工作者的奋斗，才有今天文化市场的繁荣、文化产业的发展。一切创作技巧和手段都是为内容服务的，关键还在于内容的创新。总体上来看，当前我国文化产业的内容供给有数量缺质量、低端供给过剩和优质供给不足的现象依然存在，远不能满足人民群众精神文化需求。**无论是文化设施还是文化活动、文化服务，只有在激发创意灵感、丰富文化内涵、表达思想情感上下功夫，才能真正得到市场的认可和人民的认可。**

二是创新体制机制，充分调动社会参与的积极性和主动性。需要有顶层的设计，充分发挥社会参与的积极性和主动性，平衡各方面尤其是参与者的权益。调动好和处理好社会文物，使市场将来更加规范和活跃。允许社会机构的参与，允许民间资本的进入，吸引更多的专业人才共同加入文物事业发展和创新的工作。对丰富人民的精神文化生活，实现人民对美好生活的期待和向往起到相当重要的作用。在这个方面，文物工作的难度和要求，应该说是更大了。2018 年，国家文物局在前期调研的基础上，在江苏无锡、南京进行试点。通过两年的试点，成效明显。2020 年，国家文物局和上海市人民政府签署了合作协议，在上海更进一步铺开社会文物改革试点。2021 年年底，上海市委市政府专门听取了社会文物改革试点的汇报，高度肯定了试点的丰硕成果。

改革开放以后，一些人是先行者，积累了相当的财富。由于对文物的热爱和对文物价值的认同，他们手中收有一大批文物，需要文物市场的开放来进行传播和交易。民间的文物收藏情况参差不齐，有很珍贵的文物，包括现在国有博物馆珍藏的，当年也都是从社会上搜集而来。因为文物的价值越来越高，赝品也越来越多，不法分子制假的能力也越来越强，致使一些顶级的专家都常有误判。所以文物对社会的开放，我们始终持谨慎态度。通过连续几年的调研和试点，现在像在上海的试点成效就很明显，社会文物可以提前进行登记，再由依法成立的鉴定机构进行鉴定，然后获准入市。2023 年年初国家统计局发布了 2022 年的数据，对全国 6.9 万家规模以上文化及相关企业的调查。2022 年全国文化企业实现营业收入可比口径计算比上年增加了 0.9%。[1] 全国文化产业保持平稳的增长，也要求政府管理者在思想认识上、价值导向上、政策支持上、责任担当上，要深入实际了解消费者的文化需求及市场经营主体的愿望，充分结合党和国家文化战略，精准地提供政策服务。

三是要完善政策法规，有序地发展文化事业和文化产业。最近几年，在中央的关心和支持下，连续出台了几个中央文件，再加上现行的法律，在文物行业，从法规体系上来讲，是已经比较形成体系的。法律法规、政策还有行业标准，再加上地方立法，一共有 200 多个现行的法律法规，对

---

[1]　国家统计局 . 2022 年全国规模以上文化及相关产业企业营业收入增长 0.9%［EB/OL］.（2023-01-30）［2024-05-06］.https：//www.stats.gov.cn/sj/zxfb/202302/t20230203_1901733.html.

于文物的保护利用都起到了很重要的作用。

四是驱动融合创新，推动文化事业和文化产业高质量发展。要配合推进实施国家文化数字化战略，驱动科技创新，文化与科技有着天然的融合优势，两者不断突破边界，走向深度融合，激发了文化产业的优化供给。例如，三星堆考古所引发出来的社会关注，特别是在利用科技保护这个方面，有很丰硕的成果。比如，在海外火爆的原生游戏，以新一代的数字技术作为支撑，以游戏产品为载体。在内容设计中，引入了大量的中国传统文化元素和知名旅游景区的原型，在推动文化传播和旅游宣传推广方面发挥了积极作用。

我国的文物资源是相当充裕的，但是并不意味着在发展文化产业上就有实力，其关键还在于地方政府的战略眼光和推动力。像衢州当地两家民营博物馆，政府要求他们，作为引进企业，进来以后，必须做博物馆，做文化相关的服务，最后确确实实做得品质很高。如果没有政府的支持，是很难能够运营下去的，所以文化产业要发展，政府必须有魄力，要敢于拿出资源，为文化产业的发展助力。

四、文物活起来，扩大中华文化的国际影响力

2019 年 5 月，习近平总书记在亚洲文明对话大会上提出亚洲文化遗产保护行动的倡议，得到了亚洲各国的广泛认可。2021 年 11 月中央全面深化改革委员会第 22 次会议审议通过了《关于让文物活起来，扩大中华

文化国际影响力的实施意见》，提出了要准确提炼并展示中华优秀传统文化的精神标识，更好地体现文物的历史价值、文化价值、审美价值、科技价值和时代价值。以文物资源来构建中华文明物化的标识体系，长城是中华民族的脊梁，大运河是我们千年国脉，是中华民族的精神纽带。让文物活起来，打造具有国际影响力的中华文化符号，是实证。中国百万年人类史、一万年文化史、五千年文明史，要讲清楚并展示好中华文明的历史脉络，以中华文明对于人类文明的重大贡献来增强民族的自豪感、自信心和凝聚力。让文物活起来正好就是构建文明交流互鉴的这个体系，也是构建中国共产党人物化的精神谱系，也是助力文化繁荣发展的重要内容。所以**文化产业的壮大，除了要满足内需，也要立足于全球的市场，通过研究符合国际市场的需求、表达方式和消费习惯，制定相应的文化产业的国际化引导政策。当然，最关键的还要大胆放宽创造空间，激发市场主体活力。**

2021年，我国对外文化贸易额首次突破了2000亿美元，同比增长38.7%。[1]我国的影视剧、网络文学、网络视听、创意产品等领域出口迅速发展，广受欢迎。我国进口的优质图书、影视剧等文化产品和服务更好地满足了人民群众多样化的文化需求，中外文化交流互鉴在持续深入发展。党的十八大以来，我们的国际地位和影响力正在快速地增长，以流失文物为例，我国文物的追索返还国际合作在不断地深化，先后与24个国家签订了防止盗窃、盗掘和非法进出境文物的政府间协议，共实现了32批次，

---

[1]　新华社.2021年我国对外文化贸易额首次突破2000亿美元［EB/OL］.（2022-07-21）［2024-05-06］.https://www.gov.cn/xinwen/2022-07/21/content_5702102.htm.

1800余件套的流失文物艺术品回归祖国。❶

流失文物的因素到底是什么？**一是**战争的掠夺，像八国联军、英法联军和中日战争等，侵略者掠夺了一大批宝贵的文物。按照现在的国际公约，应该追索的、返还的，我们一直没有放弃这方面的努力。**二是**在中华人民共和国成立以前，通过非法手段、不平等条约等交易方式非法出境的。**三是**中华人民共和国成立以后，尤其是20世纪80年代至90年代，由于管理诸多方面的因素造成相当数量的文物被盗窃、走私。**四是**通过合法途径流出的，主要是对外贸易、文化交流等。

近十年来，在文物的追索和流失方面做了大量的工作，在习近平总书记的关心下，完善了文物返还机制，国家文物局增设了文物追索返还办公室，给了编制，近年来有1800多件套的文物艺术品，有的属于珍贵文物，每一件文物的回归，都能讲很长的故事，而且都很感人。2019年3月，习近平总书记访问意大利，正好那年是从意大利追索796件文物，当时我们办了个小型文物展览。每一次的文物追索，实际上对非法持有者也是很大的震撼。像"曾伯克父"这八件青铜器，属于走私出境的文物。国家文物局联合公安、外交等部门，各方面共同努力，使嫌疑人不得不归还走私的文物。文物现在在湖北省博物馆展存。

像这样的文物追索，从另外一个方面说明了国家的影响力，是在国家的支持下的结果。文物的流失和追索返还是一个复杂的历史过程，其中通

---

❶ 中华人民共和国最高人民法院.依法保护文物和文化遗产典型案例新闻发布会［EB/OL］.（2023-02-07）［2024-05-06］.https：//www.court.gov.cn/zixun/xiangqing/388251.html.

过掠夺的文物应尽快返回其母国。像法国总统马克龙提出，在殖民时期掠夺的文物应该尽快返还。他们也正在采取相关行动，非洲的一些国家也已经开始启动相关工作，但这是一条很长的路。流失在海外的文物，特别是因为战争掠夺流失的文物，数量还是很庞大，尤其是在日本的数量就更大了。真的要把所有非法流失的文物都追回来，不是一两代人能够完成的事情，需要持续努力才能够见效。我相信我国国力的增强，国际影响力的增大，对我们文物的回流，特别是文物的追索，是最强有力的支持和保证。中国文物保护基金会也是在习近平总书记在亚洲文明对话大会倡议下，设立了亚洲文化遗产保护基金，我们与海内外的企业开展了一系列的成功合作，发挥民间优势，在助力文化走出去方面进行了有益的探索。2023 年 4 月 25 日，首届亚洲文化遗产保护联盟大会在陕西西安开幕并通过相关决议，决议落实习近平总书记提出的亚洲文化遗产保护行动计划，在促进亚洲文明交流互鉴中发挥好更大作用。我相信通过各方的共同努力，让文物活起来在助力繁荣文化事业和文化产业发展方面将会发挥更大作用。

第九讲
品质生活：寻找城市栖居的新方式

范　周

―――――

　　随着城市化进程的加速，都市生活的品质成为人们日益关注的焦点。党的二十大报告明确提出，要提高城市规划、建设、治理水平，加快转变超大特大城市发展方式，实施城市更新行动，加强城市基础设施建设，打造宜居、韧性、智慧城市。地方政府也纷纷响应，出台系列细化政策，涉及加强城市绿化、优化交通布局、提升公共服务设施等方面，旨在打造更具吸引力的城市生活环境。与此同时，社会热点现象也在不断映射出城市生活的新趋势。共享经济的兴起，让人们对资源利用有了全新的认识；绿色出行、低碳生活的理念深入人心，推动了城市交通和居住方式的变革；互联网科技的快速发展，则为智慧家居、智慧社区等提供支撑，让城市生活更加便捷和智能。在这个变革的时代，每个人都是自己生活的设计师。本期讲座旨在思考品质生活的新内涵，探讨提供更加多元、创新的居住选择和生活方式，让城市生活不仅满足生存所需，而且成为一种品质享受。

一、城市是个体的集合：自我认同、集体认同和社会认同的确立

城市是由众多个体组成的共同体，在建设世界文明城市的典范过程中，需要思考生活在这座城市的每一个个体，他们将从这座城市中获得什么？在这个城市的建设和发展当中，有很多政府层面的发展目标，也有很多个体层面的发展目标，这些目标综合构成了城市发展的总目标。

高校中流动性强的个体对城市的认同，是构成城市整体认同感的重要组成部分。在城市建设过程中，不仅要关注流动性个体的感受和需求，更要关切常住市民与居民对于事业发展和心灵栖息地的追求。只有在这样全面考量下，城市建设才能更加贴近人心，成为真正意义上的文明典范。在城市建设进程中，市民融入城市的方式具有个体差异性。然而从整体来看，个体的融入过程是与城市整体发展目标相契合的。个人的理想和想法都深受环境影响，而这里所指的环境，包括教育、城市与国家的层面，可以认为，个人的成长、发展是与教育、城市及国家的发展紧密相连的。

（一）环境影响：教育、城市与国家

第一，教育环境对人才培养和城市软实力具有深远影响，高校与人才之

间的互动发展，形成了一种相辅相成、相得益彰的关系。大学的基本功能在于求知育人，服务社会。优良的校园文化与大学精神，对人才培养起着积极的促进作用。一所学校的校训是学校历史文化传统的沉淀和凝聚，是学校性格的集中表现，也是学校办学理念的提炼和总结。校训对内规范师生的言谈举止和行为方式、引领学校的办学方向，对外起到自我宣传、服务社会的功能。大学期间是个体成长和三观形成的重要阶段，校园环境会对学生的认知水平、专业技能及性格养成产生潜移默化的影响。正如《习近平关于青少年和共青团工作论述摘编》中提到的："学生在高校生活，少则三到四年，多则九到十年，正处在人生成长的关键时期，知识体系搭建尚未完成，价值观塑造尚未成型，情感心理尚未成熟，需要加以正确引导。这好比小麦的灌浆期，这个时候阳光水分跟不上，就会耽误一季庄稼。"❶

城市与高校之间的发展紧密相连，互利共生。城市软实力涵盖区域文化、价值观念、制度机制、城市形象及市民素质等多个方面，这些要素共同构成城市的感召力、吸引力、凝聚力和影响力。综合相关研究，城市软实力的资源基础主要包含以下六大关键要素：**一是**城市文化，城市文化发展情况及文化基础资源的丰富程度是衡量城市软实力的重要指标；**二是**人口素质，市民的形象和人员素质的高低直接体现了城市软实力，并为其提供根本保障；**三是**政府公共管理水平，作为城市软实力实现的坚强后盾，政府公共管理能力是政府公信力和社会凝聚力的体现；**四是**人居生活

---

❶ 中共中央文献研究室．习近平关于青少年和共青团工作论述摘编［M］．北京：中央文献出版社，2017.

质量，涵盖安全、健康、生态、教育及文化等多个层面；**五是**国际交往能力，可以通过入境游客比例、外国留学生人数及国际友好城市数量等指标进行衡量；**六是**城市创新能力，从创新投入和产出的角度来评估，包括高校在校学生数和公共教育经费支出占比等指标。

继前述城市软实力的讨论，我们以中国科学技术大学与安徽合肥的合作为例，具体说明教育与城市发展的紧密关系。2023 年 2 月，全球权威科技咨询机构 ICV 发布的《全球未来产业发展指数报告（GFII2022）》显示，安徽省合肥市脱颖而出，位列全球第 18、中国第 4，紧随北京、粤港澳大湾区及上海之后。合肥的这一显著成就，与中国科学技术大学的深入合作密不可分。中国科学技术大学为合肥提供了坚实的人才基础和源源不断的科技创新动力。2024 年 3 月，安徽公布 2023 届高校毕业生就业报告，48.46 万毕业生超七成留皖就业，最新的毕业去向落实率为 90.85%。其中省内就业毕业生中 38.88% 选择合肥。[1] 这一人才汇聚的盛况，为合肥的科技创新和产业发展注入了强大的活力。在最新的城市可持续发展力竞争评估中，合肥更是荣获第 6 名的好成绩。这一排名不仅是对合肥近年来发展成果的肯定，也是对中国科学技术大学与合肥市之间深度合作模式的有效验证。这种高校与城市双向奔赴、共赢发展的模式，值得其他城市借鉴。

第二，城市环境对居民的生活方式和审美需求产生深远影响。城市的规划和建设发展，以及其演变过程，都是建立在美学的基础之上，并与各

---

[1]　安徽省教育厅. 安徽省 2023 届普通高校毕业生就业年度报告［EB/OL］.（2024-03-01）［2024-05-06］. http://jyt.ah.gov.cn/public/7071/40693646.html.

个历史时期的审美需求有着密不可分的关系。例如，《周礼·考工记》中详细记载了周代王城的建设制度，而隋唐时期的长安城和元代大都的选址与建设，也充分体现了当时人们对居住地的审美要求。**可见城市的建设不仅体现人们对美的追求，更形成了以审美为基础的规划思想。**

北京作为全国博物馆数量最多的城市，其文化建设的推进力度可见一斑。在《北京市推进全国文化中心建设中长期规划（2019—2035年）》的指导下，北京明确提出建设博物馆之城的目标，并在近年来取得了显著成效。北京丰富的博物馆资源及文化影响力，为市民和游客提供了多元文化滋养。时尚艺术领域，上海作为全球十大时尚都市之一，具有独特的海派魅力和产业活力。上海时尚创意产业的蓬勃发展，既推动了当地经济增长，也成为城市文化软实力的重要组成部分。目前，上海正通过打造时尚生活空间、培育时尚创意品牌、扶持时尚产业龙头企业等措施，进一步巩固其时尚之都的地位。奥地利首都维也纳也是一个极具特色的音乐文化之城，维也纳以其悠久的音乐文化传统和卓越的音乐艺术成就著称于世。该地将音乐教育视为重中之重，孕育了众多音乐艺术大师，并拥有一批世界级的公共文化艺术设施。维也纳的音乐灵魂不仅塑造了城市的独特气质，也为市民和游客提供了高品质的艺术享受。

第三，国家发展环境深刻影响城市的定位。城市定位作为城市发展战略的基石和品牌形象的展现，具有重要意义。香港为国际金融、航运、贸易中心及国际航空枢纽，在全球金融和商业领域占有重要地位；澳门致力于建设成为世界旅游休闲中心；广州努力增强国际商贸中心和综合交通枢纽的功能，培育提升其作为科技教育文化中心的功能；深圳则立志成为具有世界影响力的创新创意之都。这些城市的定位各具特色，共同构成了多元化、互补性强的城市发展格局。**科学且鲜明的城市定位能够引领城市的发展方向，引导市场主体的活动，吸引外部的资源要素，全面增强城市的竞争优势。**国家层面的战略布局及城市自身的资源禀赋共同作用于城市发展，并影响城市中个体职业生涯和生活方式。

（二）城市认同感的来源与构建路径

第一，城市催生城市认同感。城市认同感从学术角度是一个社会心理学的概念。作为在新型城镇化进程中格外重要的一种社会心态，折射的是居住在城市中公众的日常感受、基本情绪、社会共识和价值观的总和。"我是哪里人"的描述是对地方认同感的一个表现。城市认同感既包括了个体对所居住的城市空间产生的情感状态，同时也包括外界人士对陌生城市的认同度和好感度。因此，城市形象的打造对构建城市认同感具有重要作用。

第二，以文化旅游构建城市认同感、打造城市形象的路径。城市文化是一座城市所展现出的精神风貌，是城市的历史、传统和市民的价值观念、道德素养和精神追求的集中体现，也是市民共同的价值取向、行为方式和心理导向的外在表现。作为一个新型城镇化进程当中的一种社会心态，城市的认同感折射的是居住在这个城市当中公众的日常感受、基本情绪、社会共识和价值观的总和。那些有魅力的城市让人们魂牵梦萦，即便是走了，也是永远忘不掉的岁月。城市文化建设构建城市认同感的路径是多元的，如营造文化地标、挖掘城市各类特色文化资源、发展文化旅游等方式。其中包括美食和城市的关系、旅游和城市的关系、文化服务和城市的关系。**在所有的旅游当中，最有效的记忆不是宣传而是美食，美食是城市发展当中的重要品牌，从饮食可以看到当地美学发展的历史线索。**从食材、一方水土养一方人，看到人与周边环境的关系。从饮食的消费方式看到文明进程当中的各个历史阶段的不断发展。文旅热也需要冷思考，淄博的爆火对政府是一次警醒，即如何能够让各种各样的人群都能在城市中诗意地栖居。

武汉这座城市的文化认同构建与传承缘何为人称道？2020 年年初，习近平总书记称赞，武汉是英雄的城市，武汉人民是英雄的人民。回顾武汉的城市发展史，不难发现，英雄主义的精神一直深植于这片土地。作为历史上的战略要地和军事重镇，武汉见证了无数英勇的抗争与坚守。同时，这里也是马克思主义在中国早期传播的重要场所之一，彰显着革命的火种与思想的觉醒。在 1954 年和 1998 年两次特大洪水的考验中，武汉人民展现出了惊人的团结力和顽强拼搏的精神，共同抵御自然灾害的侵袭，守护家园的安宁。这些历经千锤百炼而越发坚韧的英雄特质，逐渐内化为武汉这座城市独特的文化基因，深刻塑造着城市的精神风貌和市民的集体记忆。如今，"英雄城市"不仅是对武汉的赞誉，更是这座城市自我认同的重要标签，激励着每一位市民在日常生活中继续传承和发扬英雄精神，共同书写城市发展的新篇章。

西安是借助新媒体营销构建城市认同的典范。随着新媒体的迅猛发展，短视频平台已成为城市形象塑造与传播的重要阵地。巨量算数发布的《心向远方·步履不停——2023 抖音年度观察报告》显示，2023 年旅游业也迎来了复苏，不同线级城市的打卡次数、打卡人数都有显著提升。人们在城市间的活跃流动，既推动城市旅游业的发展和商业的繁荣，又促进城市基础建设、文化艺术的全方位发展。❶西安市政府敏锐地捕捉到了新媒体营销的价值。2018 年 4 月，西安市旅游发展委员会代表市政府与抖音平台签署了合作协议，双方携手致力于推动西安城市形象与文化的广泛传播。通过精心策划的短视频内容，西安成功将一大批旅游景点和文化元素呈现给全球网友，迅速崛起为一座备受瞩目的"网红之城"。

二、城市服务市民：打造每个人的事业承载地和心灵栖息地

（一）城市功能、发展理念的变化推动治理路径的变革

第一，服务经济促使城市从生产功能向服务功能转变。经济发展阶段、产业结构和社会形态是影响城市职能的主要因素，不同经济社会发展阶段，城市的基本职能和主导产业具有明显差异。2023 年服务业增加值 688 238 亿元，比上年增长 5.8%，对国民经济增长的贡献率为 60.2%，拉动国内生产总值增长 3.2 个百分点。❷ 服务业是就业的主渠道，2023 年服务业就业人数持续增长。服务消费占比越来越高，根据预测，到 2025 年我国服务消费占居民消费支出比重将超过一半。

---

❶　心向远方·步履不停——2023 抖音年度观察报告［N］.中国日报，2024-01-03.

❷　李锁强.服务业发展提质增效　新动能彰显新活力［EB/OL］.（2024-01-18）［2024-05-06］.https：//www.stats.gov.cn/sj/sjjd/202401/t20240118_1946698.html.

在城市转型过程中，商务管理、旅游观光及休闲度假等活动逐渐成为城市重要功能。同时，消费选择的丰富性和文化娱乐服务的多元化日益成为衡量城市吸引力的重要指标。伴随着经济形态和社会结构的演变，城市聚集的动力机制也在发生深刻变化，从过去主要依赖生产规模效应、效率提升及对社会分工的推动作用，转变为更加注重服务职能的发挥和对消费多样化需求的满足。

第二，城市更新背景下城市发展理念的变迁推动城市治理路径的变革。在我国，不同时期的城市发展背景、所遇挑战、更新动力及制度环境均有所不同。这些差异导致了城市更新目标和治理模式的持续演变。从整体上看，从 1949 年至 2020 年，中国城市化进程经历了四个阶段，每个阶段都伴随着治理模式的重要变革。第一阶段（1949—1989 年），中国城市化进程处于起步阶段，治理模式以政府主导下的一元治理为主。这一阶段，政府在城市规划和建设中发挥了核心作用，通过一系列政策措施推动城市化进程。例如，《城市规划条例》等重要文件的出台，为城市规划和管理提供了法律依据。第二阶段（1990—2009 年），政企合作下的二元治理阶段。在这一阶段，政府与企业开始形成合作伙伴关系，共同推动城市化进程。《国务院关于深化城镇住房制度改革的决定》《城乡规划法》等政策法规都标志着城市化进程的加速推进和治理模式的转变。第三阶段（2010—2019 年），治理模式转变为三方协商下的多元治理。在这一阶段，政府、企业和社会各界开始共同参与城市治理，形成多元化的治理格局。一系列重要的政策文件，如《开展城镇低效用地再开发试点指导意见》《国家新型城镇化规划（2014—2020 年）》

《关于加强生态修复城市修补工作的指导意见》等，为城市化进程提供了有力的政策支撑。**第四阶段（2020 年至今），治理模式演化为多方协同下的多元共治。**这一阶段强调各方力量的协同合作，共同推动城市可持续发展。例如，《中共中央关于制定国民经济和社会发展第十四个五年规划和二〇三五年远景目标的建议》首次提出"实施城市更新行动"，为创新城市建设运营模式、推进新型城镇化建设指明了前进方向。总体来看，中国城市化进程的四个阶段反映了治理模式的逐步演变和完善。从政府主导到政企合作，再到多方协同共治，治理模式的变革推动了城市化进程的加速发展，也提升了城市治理的效率和水平。

以山东淄博为例，可以探索服务经济时代下的城市形象的塑造路径方向。2023 年夏季，"淄博烧烤"意外在社交媒体平台上引爆热议，成为一时的网络焦点。统计数据显示，自 2023 年 3 月起，与淄博烧烤相关的关键词搜索量激增，同比增长率高达 370% 以上。❶微博等社交平台上，"大学生组团到淄博吃烧烤""乘坐高铁专程前往淄博品尝撸串""烧烤小哥因工作热情而脸庞被烟熏黑"等话题频频登上热搜，引发了广泛的社会关注。这一网络现象的兴起，不仅极大地推动了淄博当地烧烤餐饮行业的蓬勃发展，更进一步提升了淄博的城市知名度，为其城市品牌的塑造与传播注入了新的活力。淄博的成功案例充分展现了在服务经济时代背景下，城市需要挖掘特色、借助新媒体力量，实现城市形象的有效传播与提升。

---

❶ 淄博，"火出圈"！［N］．中国房地产报，2023-03-30.

在新媒体时代，短视频成为地方文旅宣传的主要渠道之一。2023 年，全国各地文旅局长纷纷采用短视频媒介形式，积极推介本地的文旅资源。从新疆伊犁文旅局副局长贺娇龙，到四川省甘孜州文旅局局长刘洪，这些局长的短视频作品不仅引发了广泛关注，更掀起了一股全国文旅局长推介文旅的短视频热潮。各地文旅局长纷纷"变装"出镜，塑造具有反差的个人形象，以更加接地气的方式介绍当地的文旅资源。贺娇龙、刘洪等文旅局局长成为最早一批成功利用互联网流量红利的官员代表，网络粉丝数量超过了千万。同时，他们还成功开辟了"农产品＋直播"等电商营销新模式，有效带动了地区特色产品的销售，为当地经济发展注入了新的活力。文旅局局长通过短视频走红的现象背后，反映出的是治理理念和思维的深刻转变。

（二）城市文化是城市可持续发展的根与魂

城市文明建设是一个综合性的过程，经济发展固然重要，但精神层面的建设同样不可忽视。在 21 世纪，城市文明已成为推动区域经济发展的核心力量。**一个文明的城市不仅展现了其在经济、政治、文化和社会等各方面的综合发展成果，也能全方位地呈现其整体文明程度，这是城市的无形资产和战略资源。**

为了打破城市发展的同质化现象，文明城市建设是关键环节。文明城市建设对于提高国民素质和社会文明程度、改善城乡环境面貌和全民生活品质具有重要作用。在文明城市建设的过程中，需通过打造城市文化品牌来塑造城市形象，进而提升城市的软实力。城市文化品牌作为城市有形与无形资产的结合，影响城市文化产业结构的调整和发展方式的转变，对于城市的全面、可持续发展具有深远的意义。

以美国芝加哥为例，可见城市文化品牌建设在推动城市转型中的重要作用。芝加哥曾经是以制造业为主的老工业基地城市，在 20 世纪 70 年代开始面临衰退的挑战。然而，进入 80 年代后，芝加哥市政当局积极发掘、遴选并价值再造城市文化资源，通过打造格兰特舞蹈节、湖滨音乐节、奶牛雕塑节、国际电影节、航空展及 SOFA 艺术展等一系列独具特色的城市文化品牌活动，为城市注入了新的活力。同时，芝加哥还大力兴建了麦考米克会展中心、千禧公园、海军码头、谢德水族馆、阿德勒天文馆等充满人文气息的城市文化设施，这些举措极大地吸引了众多优秀人力资源的聚集和数以千万计游客的到访。据统计，2022 年芝加哥的游客数量有将近 4890 万，比 2021 年大幅增加了 60%。[1] 通过这些努力，芝加哥的城市经济结构和产业形态逐步摆脱了传统模式的束缚，成功实现了从重工业城市向"娱乐机器"的华丽转型。如今，芝加哥已经成为享誉全美乃至世界的文化名城，其城市文化品牌建设的成功经验值得我们深入学习和借鉴。

与芝加哥不同，法国巴黎作为历史文化底蕴较为深厚的城市，在构建城市公共文化上全面发力。巴黎采取了多种措施，包括成立文化信贷基金、赋予文化主管部门经济权力、实行文化设施发展合同制及对文化单位进行财政补贴等。这些举措为巴黎重点公共文化品牌设施的开发、经营和

---

[1] 搜狐. 芝加哥旅游业复苏，去年访客激增 6 成［EB/OL］.（2023-06-10）［2024-05-06］. https：//www.sohu.com/a/683744801_121123705.

管理提供了有力保障。巴黎的公共文化品牌资源极为丰富，其中包括卢浮宫、香榭丽舍大街、蓬皮杜文化中心及国家图书馆等具有国际影响力的城市文化项目。为了确保这些品牌项目始终成为城市公共文化服务体系的重要支柱，巴黎市政府每年投入巨额资金和大量人力资源进行修缮和扩建。这些品牌项目不仅为市民提供了接受历史文化熏陶、爱国主义洗礼的重要场所，还成为他们休闲娱乐的主要去处。

（三）建设全国文明典范城市，深圳如何打造"先行样板"？

《中共中央 国务院关于支持深圳建设中国特色社会主义先行示范区的意见》中明确指出，将打造"城市文明典范"作为五大战略定位的关键一环，同时强调"率先塑造展现社会主义文化繁荣兴盛的现代城市文明"为五大核心任务之一。❶建设城市文明典范需要从公共设施与服务、环保与可持续性、创新与科技、社会公平、文化传承等方面持续发力。

第一，认识深圳这座"鹏城"的独特城市品格——开放、多元与包容。 深圳之所以被称为"鹏城"，不仅因为其地理形态酷似一只展翅的大鹏鸟，更源于大鹏所城悠久的历史。大鹏所城位于深圳市大鹏新区鹏城社区，全称"大鹏守御千户所城"，始建于明洪武二十七年（1394年），大鹏所城在明清时期抗击葡萄牙、倭寇和英殖民主义者的斗争中起过重要的

---

❶　新华社.中共中央 国务院关于支持深圳建设中国特色社会主义先行示范区的意见［EB/OL］.（2019-08-18）［2024-05-06］.https：//www.gov.cn/zhengce/2019-08/18/content_5422183.htm?ivk_sa=1024320u.

京和学术文库

作用，是我国东南沿海现存较为完整的明代军事所城之一。随着城市建设的不断推进，"深圳精神"也在不断演变和升华。从 1987 年的"开拓、创新、奉献"，到 1990 年的"开拓、创新、团结、奉献"，再到 2002 年的"开拓创新、诚信守法、务实高效、团结奉献"，每一次概括都反映了深圳在不同发展阶段的精神风貌。2020 年，深圳市委六届十五次全会报告中发布了"新时代深圳精神"——"敢闯敢试、开放包容、务实尚法、追求卓越"，更加精准地体现了深圳在建设中国特色社会主义先行示范区过程中的时代特征和城市气质。这些精神的丰富和深化，为深圳打造城市文明典范提供了强大的精神支撑和文化底蕴。

深圳作为移民城市，外来人口与年轻人群为其带来了浓厚的创业者文化、创新动力和人才支持。《深圳市 2022 年国民经济和社会发展统计公报》显示，深圳全市截至 2022 年年底常住人口 1766.18 万人。其中，常住户籍人口 583.47 万人，占常住人口比重 33.0%；常住非户籍人口 1182.71 万人，占常住人口比重 67.0%。[1] 时代给予深圳发展机遇，但千万个深圳人涵养了深圳的城市文化品格与城市精神。同时，深圳毗邻香港的地理位置，决定了在对外交流、国际贸易上的先天优势。

第二，深圳城市的发展动力主要源于制度创新、理念创新、机制创新和模式创新。这些创新为深圳带来了千余项"全国第一"的成就，如率先构

---

[1] 深圳市统计局.深圳市 2022 年国民经济和社会发展统计公报［EB/OL］.（2023-05-08）［2024-05-06］. http://tjj.sz.gov.cn/zwgk/zfxxgkml/tjsj/tjgb/content/post_10577661.html?eqid=e57b9bb6001546e0000000066486c899.

建社会主义市场经济体制十大体系、率先构建行政体制八大体系、率先以市场化为取向推进文化体制改革创新、率先打破政府办学单一模式推进教育体制改革、率先解放思想依法治市推进精神文明建设。深圳的发展口号也凸显了其效率意识和法治意识，如"时间就是金钱，效率就是生命""三天一层楼""一天数十件专利发明""三天一项制度创新""上车就系安全带"等口号，不仅传达了深圳的城市精神，也为深圳的发展注入了强大的动力。

第三，深圳在文化品牌建设方面持续发力，积极探索从"世界之窗"到"先行示范"的文化品牌建设路径。这一路径的核心在于提升优质文化产品的生产与传播能力，以讲述新时代的深圳故事。从文化传播的角度来看，将文化资源转化为全球市场认可的优质文化产品，是提升文化软实力的关键所在。同时，深圳注重集中优势资源开发"文旅大 IP 系列"，并致力于建设地标性的文化街区。这些街区不仅承载着实质性的文化活动，更是城市气质和品位的缩影。作为城市文化活动的场地和空间，这些超级文化地标街区发挥着城市文化集聚力和辐射力的重要载体作用，同时也是引领城市文化发展的重要引擎。通过这一系列举措，深圳在文旅领域也取得了显著的成就和影响力。深圳需要借助现代都市多样化的传播载体，将优秀的文化产品整合到当代城市文化发展体系中，使其成为新的城市文化符号，成为城市文化不断向外辐射的有效中介。

文化品牌建设的路径在于发挥科技优势，大力发展具有竞争力和辨识度的数字文化产业，可以产生虹吸效应，能够统筹和整合历史文化、生态环境、公共服务等各个文化区域的全域资源。通过这样的方式，深圳成功吸引和集聚了丰富的人流、物流、资金流，进一步实现了城市共建共享和完整产业链的打造，从而带来了显著的经济连锁效应。为了进一步推动人工智能产业的发展，深圳在 2023 年 5 月 31 日正式印发了《深圳市加快推动人工智能高质量发展高水平应用行动方案（2023—2024 年）》❶，并同步发布了首批"城市 +AI"应用场景清单。此外，深圳还统筹设立了规模达 1000 亿元的人工智能基金群，旨在积极打造国家新一代人工智能创新发展试验区和国家人工智能创新应用先导区，努力将自身创建为人工智能先锋城市。据《深圳市人工智能产业发展白皮书（2023 年度）》显示，深圳的人工智能企业数量已达到 1920 家，产业规模更是高达 2488 亿元，同比增长了 32.10%，展现出强劲的发展势头。❷

三、市民融入城市：公民素质提升与城市发展的双向促进

（一）人才是城市发展的核心资源

第一，从产城人到"人城产"，人本逻辑的回归使得人才成为城市发展的关键要素。进入后工业时代，创新成为经济发展的核心驱动力，城市发展模式从工业逻辑回归到人本逻辑、从生产导向转向生活导向。人才聚

---

❶　深圳政府在线.深圳市加快推动人工智能高质量发展高水平应用行动方案（2023—2024 年）［EB/OL］.（2023—06—01）［2024—05—06］.https：//www.sz.gov.cn/cn/ydmh/zwdt/content/post_10623376.html.

❷　深圳政府在线.深圳着力构建良好产业生态［EB/OL］.（2024—03—08）［2024—05—06］.https：//www.sz.gov.cn/cn/ydmh/zwdt/content/post_11182302.html.

集，则产业兴盛；产业兴盛，则城市恒强。自 2017 年以来，"人才大战"席卷全国。为了吸引人才，各地政府从人才落户、购房补贴、生活补贴到配套保障等多个方面推出了各种优惠政策。新一轮的人才争夺战不局限于"高精尖"人才，而是扩展到了各个领域、层次和类型的人才。在强调人才重要性的同时，我们也需要深入探讨人才与城市发展之间的相互作用关系。是先有优秀的城市环境吸引了人才，还是人才的到来改善了城市环境，这是一个值得进一步思考和明确的问题。总的来说，人才与城市发展之间的互促关系至关重要，需要我们在实践中不断探索和优化。

在强调人才作为城市发展核心资源的基础上，北京和杭州作为两个典型案例，展现了不同的城市在人才战略上的成功实践。北京在全球城市人才黏性指数中的卓越表现，印证了其作为科技创新中心的地位。根据《全球城市人才黏性指数报告（2022）》发布的数据，北京在全球 102 个城市中综合得分排名第六，并连续三年稳居中国城市榜首。❶该报告从经济基础、创新潜能、文化开放、生态健康、社会福利和公共生活六个维度全面评价了城市的人才吸引力。北京在科技创新方面的投入尤为突出，其研发投入强度和独角兽企业数量均位列全球前茅。研发经费占地区生产总值的比例连续多年超过 6%，为青年科技创新人才提供了充足的资金支持，巩固了其在全球创新网络中的关键地位。杭州则通过打造人才生态最优城市，成功吸引了大量国内外优秀人才。杭州实施了"全球英才杭聚工程"

---

❶　北京全球第六、全国第一！全球城市人才黏性指数报告发布［N］.北京日报，2023-05-27.

和"青年人才弄潮工程"，引进许多国家级海外引才计划专家和国家"万人计划"专家。在青年人才的培育和发展方面，杭州通过设立大学生创业创新日、推出"杭帮彩"工作品牌等创新举措，成功吸引大量 35 岁以下的大学生来杭发展。同时，杭州还全面实施了"人才西进"工程，推动西部地区人才与主城区享受同城同待遇，并通过成立人才乡村振兴银行和推出"春雨计划"，为乡村振兴提供了强大的人才和资金支持。

第二，城市发展需求对青年人才培养提出新的要求。就业作为最大的民生问题，其重要性不言而喻。然而，当前青年失业率的持续攀升已经引起了社会的广泛关注。根据数据显示，2023 年第一季度，全国城镇调查失业率平均值为 5.5%，比 2022 年四季度下降 0.1 个百分点。❶ 虽然比 2022 年四季度略有下降，但青年失业问题依然严峻。值得注意的是，往年青年失业率的高峰通常出现在 6—8 月的毕业季，但如今这一数据指标的高峰时间已经提前。青年失业的严重性不仅体现在对产业发展的潜在影响上，该问题也是影响社会稳定的一个重要因素。因此，我们必须高度重视青年人才培养与城市发展需求之间的紧密联系，积极探索有效的解决方案，以降低青年失业率，促进社会稳定和经济的持续发展。研究发现，择业观、社会环境的鼓励程度、家庭经济基础和未来人生发展规划都是导致稳定就业与创新创业的决策原因。就业者对居所的选择，是对未来的另一种取舍，就业行为的区域化特征，往往归因于区域整体的发展活力与潜力。

---

❶　国家统计局.一季度经济运行开局良好［EB/OL］.（2023-04-18）［2024-05-06］. https：//www.stats.gov.cn/sj/zxfb/202304/t20230418_1938706.html.

数字文化产业兴起对传统人才培养模式带来巨大挑战。数字革命的发展速度大大超越了大学教育的发展速度，使得高校的人才培养不能满足社会需求，甚至远远落后于社会需求。与此同时，随着近年来高考扩招与研究生扩招，高校人才供给数量却在不断攀升。这导致了人才社会供需结构的失衡：**一方面，高校人才数量供给远超于社会需求，导致文凭通胀；另一方面，高校人才所学技能落后于社会需求，致使知识紧缩。**新技术应用也导致新的"职业焦虑"，复合型人才成为未来所需。AI 替代率最高的 25 个职业中，60% 以上涉及文创产业。AI 替代率最高的职业是翻译，其次是保险核保专业人员及剧作家。这三个职业，有 90% 以上的工作任务和内容暴露在 AI 替代的风险中。视觉传达设计人员、装饰美工、美术编辑、广告设计师、剪辑师，这些与美术、视频、作图相关的职业，被 AI 替代的工作内容也超过了 80%。文字编辑、网络编辑、文学作家、文字记者，这些与文字生成和修改高度相关的职业，被替代的工作内容也超过了 75%。❶

（二）提倡全民美育是建设全球文明典范城市的关键举措

城市市民的素质由文化素质、思想道德素质、政治素质、生态意识及审美意识等构成。创意经济时代，传统美育教育的方式迎来了变革。从传统的书画、音乐、艺术培训教育到通过新型文化消费、公共文化服务等方式接受美育教育，一场席卷全社会的美学改造运动正在进行。

---

❶ AIGC 开放社区.中国最容易和最难被 GPT 所代替，ToP25 职业！［EB/OL］.（2023-05-22）［2024-05-06］.https：//mp.weixin.qq.com/s/th8YigZLMe6sCboG6XOhVg.

以深圳福田香蜜公园为例，这个坐落在城市中的新时代文明实践中心，是美育教育变革的生动体现。自 2021 年福田区新时代文明实践中心正式启动以来，该中心通过智慧云平台等创新手段，设置了实践互动、实践资讯、心愿墙等板块，强化了线上服务互动功能，从而实现了各类资源与市民群众需求的"点对点"高效对接。**上海在推动美育方面，也一直走在前列**。上海创立城市美育日，积极推动全民美育教育，致力于让市民在城市各个角落与"美"邂逅。2023 年，上海市文化和旅游局局长方世忠表示："十年来，上海市民文化节秉持'以人民为中心'的办节宗旨，以打造'永不落幕的市民文化节'为目标，立足内容润节、市民办节、品牌立节、创新兴节，努力探索具有时代特征、中国特色、上海特点的办节机制，十年来推出各类活动约 40 万项，惠及市民约 2 亿人次，培育各类'百强'团队和个人近万支（名）。"❶ 在推进城市美育过程中，上海准确把握了人民群众向上、向善、向美的精神需求，为人民搭建了展现自己的舞台。更重要的是，通过面向社区的文化活动，使得 80% 的市民文化活动能够在社区举办，公共文化场馆的服务也得到了大幅延伸和拓展。❷ 这些举措不仅提升了市民的审美素养，也进一步促进了城市与市民之间的双向互动和共同发展。

---

❶ 方世忠. 人民节日，向美而生，共同书写人民城市的文化答卷［EB/OL］.（2023-03-23）［2024-05-06］. https://whlyj.sh.gov.cn/wlyw/20230323/ea6d32fb26494b559e19e1387d39cac4.html.

❷ 澎湃新闻. 市民文化节十周年：向美而生，共同书写人民城市的文化答卷［EB/OL］.（2023-03-23）［2024-05-06］. https://m.thepaper.cn/baijiahao_22412508.

第十讲
2.97 亿中国老年人：银发经济新机遇

范 周

———

    自 2022 年起，我国首次出现了人口负增长的情况，而到了 2023 年，这一趋势进一步加剧，人口增长率降至 −1.48‰。与此同时，中国的人口老龄化速度和规模以前所未有的态势在加深，预计到 2035 年左右，60 岁及以上的老龄人口将突破 4 亿。面对如此紧迫的人口老龄化挑战，采取有效应对措施变得至关重要。2024 年 1 月 15 日，国务院办公厅印发《关于发展银发经济增进老年人福祉的意见》，明确提出 4 个方面 26 项具体举措，这是我国首部以"银发经济"命名的政策文件。在这一背景下，发展银发经济势在必行。

一、多场会议点题银发经济，市场春天已经到来

人口是经济社会发展中最基础的变量。2022 年，党的二十大提出了"中国式现代化"的概念，明确了人口规模巨大的现代化是中国式现代化的第一个基本特征，可以说，一切经济活动的出发点本质上都是为了人的发展。

2024 年的开局，银发群体和银发经济因连续几场重要会议而引发社会关注。1 月 17 日，国家统计局发布了一组最新人口数据：2023 年年末，全国 60 岁及以上人口 29 697 万人，占全国人口的 21.1%，这一数据比 2022 年上升了 1.3%，比 2021 年上升了 6.2%。这意味着在少子化、人口负增长的当下，老年群体的比例将会逐年扩大，2.97 亿老年群体已经成为社会不容忽视的一个群体力量。

在 2024 年新年贺词中，习近平总书记深情提到"老年人的就医养老"问题，快速发展的庞大老年群体如何在快速变化的世界中寻求高品质的生活？这一问题关乎着千家万户的幸福，也关乎着未来我们每个人都要面临的现实问题。因此，先要正确地看待人口老龄化的这一现实背景，理解人口结构变化背后隐藏的发展机遇与市场蓝海。

（一）人口结构变化：人口老龄化是不可逆转的社会新常态

回看改革开放以来我国经济的高速腾飞，人口红利是其中的一个重要推手。新中国历史上在 1950—1958 年、1962—1975 年和 1981—1994 年的

三次人口生育高峰为改革开放后提供了丰沛的人口劳动力，人口结构年轻化形成的发展窗口期为经济发展做出了重要贡献。

然而，人口红利并不是一成不变的。在 65 岁及以上人口占总人口的比例作为判断老龄化社会的这一标准下，世界已进入老龄化阶段，65 岁及以上人口占比已于 2002 年超过 7%，并开始缓慢增长，到 2021 年达到 9.62%。今天，世界正在变老，越来越多的发达经济体步入了老龄化的阶段，老龄化成为各国发展都要面对的重要课题。

提到老龄化，我们总是带着"悲观"的色彩，实际上这是一种传统的社会偏见。老龄是每个人必经的生命阶段，是每个人躲不过去的自然规律。对于一个经济体而言，老龄化社会是社会发展到一定阶段的必然产物。从中国老龄化的进程来看，有三个特点可以概括。

一是未富先老，老龄群体的物质基础较为薄弱。相较于发达国家，中国老年人群体的经济水平相对较低，尚未实现全面富裕。这一现象的背后是社会结构和经济发展不平衡等因素的综合结果。一方面，我国人均 GDP 水平与发达国家差距还较大；另一方面，在城乡之间、不同地区之间，财富分配存在较大差异，导致一部分老年群体在农村地区仍面临较为严峻的生计挑战。

二是基数庞大，人口老龄化程度不断加深。国家统计局数据显示，截至 2023 年年末，65 岁及以上人口 21 676 万人，占全国人口的 15.4%。参照国际通行标准定义，中国已经进入深度老龄化社会（65 岁及以上人口占比 14%），预计我国将在 2031 年前后进入超级老龄化社会（65 岁及以上人口占比 20%）。预计到 2050 年 65 岁及以上人口将达 3.76 亿，2058 年达 4.14 亿的峰值，届时每三个人中将会有 1 个 65 岁的老年人。

三是持续加速。 中国 2000 年进入老龄化社会，并且已于 2021 年，即 2021 年进入老年人口占比超 14% 的深度老龄化社会，预计 2032 年前后进入超级老龄化社会。从发达经济体情况看，从老龄化到深度老龄化，法国用了 126 年（1864—1990 年）、英国用了 46 年（1929—1975 年）、德国用了 40 年（1932—1972 年）、日本用了 24 年（1971—1995 年）；从深度老龄化到超级老龄化，法国用了 28 年（1990—2018 年），德国用了 36 年（1972—2008 年），日本用了 11 年（1995—2006 年）。

如果说，老龄规模、发展程度是一个重要的基础背景，那我国的老龄化由于叠加了数字经济的快速发展、消费需求的不断转变出现了更为复杂的老龄化特征，也涌现了数字鸿沟等复杂的社会问题。

在这样的背景下，老龄群体如何适应快速变化的社会，我们是否为老龄化做足了准备，一系列问题都在引发社会的深思。

（二）国家战略：发展银发经济恰逢其时、正当其时

对银发经济的关注并不是一蹴而就的。事实上，国家政策始终在为积极老龄化未雨绸缪。2019 年，中共中央、国务院印发了《国家积极应对人口老龄化中长期规划》将应对老龄化上升为国家战略。《中共中央关于制定国民经济和社会发展第十四个五年规划和二〇三五年远景目标的建议》14 次提及"养老"，提出"实施积极应对人口老龄化国家战略：发展银发

经济"。2021 年印发的《中共中央 国务院关于加强新时代老龄工作的意见》提出，积极培育银发经济，发展适老产业。2022 年出台的《"十四五"国家老龄事业发展和养老服务体系规划》从老年用品研发、优质产品推广和鼓励发展产业集群等方面，要求在全国规划布局一批银发经济重点发展区域。

2024 年，银发经济顶层设计再次加速。从中央经济工作会议到新年首场国务院常务会议，强调银发经济与社会民生、人口高质量发展之间的重要意义，银发经济频频出现在官方报道中。1 月 15 日，国务院办公厅正式印发《关于发展银发经济增进老年人福祉的意见》，这是我国首次针对银发经济出台的专项文件。该意见全文 4000 余字，61 次提到"服务"，24 次提到"产品"，是我国积极应对人口老龄化社会的重要举措，全面完整地提出了新时代发展银发经济的新思路。

从经济规模来看，目前我国银发经济规模大概在 7 万亿元，占 GDP 比重约 6%。到 2035 年，银发经济规模将达到 30 万亿元左右，占 GDP 比重约 10%。2024 年，也可被大胆地称为银发经济元年。

（三）把握 3 个特点和 4 个要点：谋划银发经济元年的发展路线图

通过解读 26 条政策，首先我们总结了三个特点。

第一，前瞻性与落地性的结合，全面、系统地为银发经济高质量发展谋划切实可行的举措。 26 条中对银发经济的定义、银发经济的未来发展做了高标准的谋划设计，既有对当下银发群体急迫的生活需求的关照，又关

京和学术文库

注了长远时期银发经济的高质量发展问题。政策瞄准7大老年群体的急迫服务需求、部署6大专项行动，提出未来发展的7大潜力产业与6大保障要素为银发经济发展保驾护航，标志着银发经济将在未来较长时间成为发展重点。

第二，提倡产业与事业的协同发展，产业发展各有侧重，强调市场要素在银发经济发展中将发挥重要作用。老龄工作既需要公共服务的基础保障，又需要市场参与、市场共建，共同努力将老年群体的生活推向品质化发展阶段。在这一次的26条政策中，提到的7大未来潜力产业，虽说都是未来鼓励发展产业，但是在产业发展侧重点上各有不同。

首次提出的抗衰老产业注重生物医药技术的研发应用。目前这个行业刚刚被提出来，一方面，生物医药是国家未来产业发展中的重要组成部分，是代表着高新技术的未来方向，抗衰老产业正是在这样一个背景下被提出来的一个重要需求。另一方面，目前我们的抗衰老产业才刚刚起步，在文件中更加注重当前的技术研发，市场化的进程还需要更进一步观察。智慧家居产业的发展注重适老化场景的集成应用。养老金融产业更加注重金融属性的安全合规问题。在适老化改造方面，政策中更加注重公共服务的适老化全场景改造，特别注意线上线下空间的全面适配。在旅游服务业态方面，康养旅游、旅居养老成为未来发展趋势，这也与2024年国家发改委提出的产业结构调整目录相契合。

整体来看，目前的政策设计是要发挥有为政府和有为市场的双重作用，互相支撑、互相补位、共同促进。只有这样才能推动银发经济既能实现社会效益，同时成为经济发展中的新亮点。

第三，供给侧与需求侧两端协同发力，以需求优化供给，深度挖掘银发经济的市场潜力。当前老年群体的需求包括身心健康、品质生活等多个方面，需求也随着科技发展、社会结构变动而不断调整，因此，既需要关照到老年人的需求，以新需求推动新供给，重塑银发经济涉及的第二、第三产业链条，在银发经济发展潜力中，所有的产品、行业都值得挖掘新的经济增长点。

接下来，我们还可以提炼出政策的几个要点。

一是解决刚性需求，发展多元需求，强调品质生活。老龄群体的刚性需求都有哪些？吃穿用行、通信设施、医疗保障，这些在当下都属于刚需，按照马斯洛需求理论，人的需求从低级到高级不断进阶，包含着生理需要、安全需要、归属与爱的需要、尊重的需要、求知需要、审美需要、自我实现的需要。这些现在都是老年人的刚性需求。**二是鼓励企业入局，提高市场活力，明确国企责任。**政策中特别强调了鼓励市场主体进入银发经济领域，强调国企要主动作为，参与到国家积极应对人口老龄化的战略中来，这也是国有企业发挥社会效益的具体体现。当前，我国养老企业的增速有所下降，养老企业重点集中在北京、重庆、广州、成都等地，都为经济发达的超一线、一线城市。这些城市也是最有可能成为我国建立银发经济产业园区的地方。根据 26 条，在京津冀、长三角、粤港澳大湾区、成渝等区域，规划布局 10 个左右高水平银发经济产业园区，园区的发展需要产业上下游企业共同支撑。此外，政策还强调了树立行业标准、健全保障体系及促进政产学研多方合力等方面内容。

二、正在加速的人口老龄化社会，银发经济发展迎来新风口

我国从 2012 年开始进入老龄化社会，相比于发达国家，我国进入老龄化社会的时间较晚，但增速非常快。在加速老龄化的进程当中，我国社会的养老观念、老年人消费理念及养老方式也出现了一系列新的变化。

（一）思维更新：新养老观念不断涌现

一是居家养老。 我国居家养老的老年人超过 2 亿，在北京，99% 的老年人都选择居家养老，其中还包括大量的失能失智老人。随着家庭的少子化和女性就业率的提高，传统的家庭养老和由亲属照料失能老人的模式难以为继。真正健康、可持续的居家养老系统，需要牵涉整个社会的力量。

政策法规保障是基础，尤其需要关照那些失能失智的弱势老年群体。在这一方面，日本的介护保险制度值得借鉴参考。大物业运营模式下的居家养老也是一种趋势。物业可以凭借资源优势发展成物业养老管家。居家养老还需要注重场景导向，围绕着老年人的衣食住行进行场景延伸。随着新老年人群大量出现，广场舞、太极拳这类户外运动将无法再满足中老年群体健身专业化的需求，专门针对老年人设计和改良的老年健身场馆会成为一种新消费趋势。

二是老年再就业。 在我国 60 岁及以上人口中，60 ～ 69 岁的老年人口

占到 55.83%，这部分年轻、健康、大多受过良好教育的老龄人中蕴藏着巨大的人口红利。《2022 老龄群体退休再就业调研报告》显示，我国 68% 的退休老人有强烈的再就业意愿，"退而不休"成为一种普遍共识。对于教师、医生等专业性较强的职业来说，相关从业者更是"越老越吃香"。

然而，当前老年求职市场的两极分化非常严重，大量老年人因为缺乏相关职业技能只能从事保洁、保安等非技术性行业。为了帮助老年人开启第二段职业人生，老年再就业的相关教育和培训是重要途径。此外，市场对接不畅会间接导致大量老年劳动力资源的闲置和浪费。有关数据显示，58.3% 的老年人都是经由熟人介绍，相对于年轻人，他们接收招聘岗位信息的途径很匮乏。英国的 Rest Less 是专门为 50 岁及以上人群服务的就业平台。截至目前，该平台已经拥有 100 多万会员，提供 5 万多个工作岗位。除了丰富的招聘信息之外，平台还提供与就业相关的指导与服务，包括了数千门线上课程，帮助会员拓宽视野，学习技能，我们的市场亟须这样的平台机构和品牌。

三是养老金融。2023 年 10 月底，中央金融工作会议将"养老金融"列入推动金融高质量发展的"五篇大文章"之一。从"养儿防老"到"自主养老"，老年人的金融观念也在发生变化。从银发人群的金融市场参与看，我国超 1/3 的老年人具有积极的金融意识，银发人群中购买商业养老险、年金和寿险的人群占比达到 34.8%；银发人群在金融理财产品中的月活跃用户也达到了 5643 万。2022 年，我国开始实施个人养老金制度，这是从国家战略层面开始发展多层次、多支柱养老保险体系的重要举措。目前，个人养老金融市场持续繁荣。到 2023 年年底，我国开立的个人养老金账户超过 5000 万。个人养老金产品增加至 753 只，包括 465 只储蓄类产品、162 只基金类产品、107 只保险类产品、19 只理财类产品，养老金融产品持续扩容。

（二）追求悦己：个性品质化的新消费理念渐已形成

老年人个性化需求的释放，是刺激和发展银发经济的重要着力点。目前，老年人的悦己消费有以下几方面表现。

一是老年大学。"老有所学"是非常重要的。作为人生第二阶段的教育平台，老年大学体现着社会对老年生活想象力。从老年教育现状看，我国现在有 7.6 万所老年大学，学员 2000 多万，中老年教育市场规模预计在 2050 年突破千亿元。"无龄感教育"是 20 世纪末提出的，倡导"老有所养、老有所医、老有所为、老有所学、老有所乐"，是积极老龄化社会缓解下的一种新的教育理念和生活态度。在 20 世纪，一些发达国家将老年大学称为"第三年龄大学"，把老年大学的办学目标提升到展示老年群体的社会价值和自我实现。

二是老年婚恋。我国现在有 5000 万丧偶老人，其中又有 80% 是有再婚愿望的。现在市面上老年人相亲的主要途径是城市相亲角，每个城市一定都有一个人民公园，负责人民相亲。现在面向老年人的婚恋网站种类很多，但品质堪忧。直播相亲是随着互联网的发展起来的新兴交友方式，但现状还是鱼龙混杂。由此可见，老年婚恋市场还是一块待开垦的黑土地。

三是老年美容。老年用户已经成为美容个护的第二大消费人群，50 岁及以上的用户占比超过 22.5%。老年人的消费观念从原来的囤积消费转变为悦己消费；从原来的以家庭为中心逐渐转变为以自我为消费中心。观念转变促成了老年美容行业的迎势发展。在这个势头之下，医药企业开始入局，我们知道的一些国外化妆品头部企业早就有了探索动作，追求个性化、差异化的垂类创新企业同样风起云涌。

四是老年旅游。2021 年，我国 45 ~ 64 岁人群的出游就已经达到 9.02 亿次，占比超 27%。2023 年我国 55 岁以上人群出游量同比再增长两成，55 ~ 60 岁年龄段是消费主力。有钱、有闲、有精力的老年人是旅游市场的绝对主力。老年研学主题游、康养疗愈游、旅居自驾游、聚会酒店游广受欢迎。

（三）拥抱科技：技术赋能养老玩法多元化

科技对于养老玩法的赋能是多元化的。没有人能够脱离自己所处的时代背景，对于当下时代来说，科技就是我们最大的背景。

我们可以从老年内容消费讲起。从数据看，当前老年用户在主流平台的分布以抖音快手为代表的短视频最多，微博其次，强调时尚种草的小红书有 1213 万，注重二次元的哔哩哔哩有 457 万。不难看出，短视频还是老年人内容消费的大头。我国 60 岁及以上的老年网民已经突破 1.4 亿。去年，"秀才"和"一笑倾城"两个抖音网红的直播打赏之战引发社会热议。大家震惊于退休老年人给网红打榜消费的能力，也感叹其所反映出的贫瘠的老年人内容供给市场。现在有很多老年人成为博主、网红，分享知识、美食、穿搭、生活等方面的内容。老年人专属内容平台也正在打造，现在市场上已经出现了专门针对老年人的兴趣、社交、学习、健康等平台。不可否认，所有内容消费的本质，都是情感洞察。

而科技直接影响的另一个业态就是智慧养老。"机器人＋养老"正在成为解决养老问题的可行途径之一。2023 年 1 月，《"机器人＋"应用行动实施方案》印发。国家提出加强残障辅助、助浴、二便护理、康复训练、家务、情感陪护、娱乐休闲、安防监控等助老助残机器人产品的研制；积极推动外骨骼机器人、养老护理机器人等在养老服务场景的应用验证。机器人保姆不再只是一种想象，而将逐步成为社会现实。

三、银发经济的未来发展，路在何方？

国务院关于银发经济的文件发布标志着我们正式开启了银发经济发展的新阶段。对于很多老年人，尤其是低龄老年人来说，退休之后才是生活的开始。有一定经济基础、社会基础和自由度的老年人有资本，也有意愿进行各种类型的消费，但面对快速更迭的消费形式和相对贫瘠的银发市场供给，银发经济正处在"理想丰满，现实骨感"的困局之中。因此，我们要想清楚，银发经济的未来发展究竟路在何方？

（一）我国银发经济发展的主要矛盾：旺盛的消费需求，有限且单一的市场供给

第一，老年人积极触网，但仍存在"数字鸿沟"。《中国互联网络发展状况统计报告》的数据显示，2017—2022 年 60 岁及以上网民占比从 5.2% 上涨到 14.3%，五年间占比将近翻了三倍。截至 2022 年，老年网民规模达到 1.53 亿，占全部老年人口的 54.6%。老年人上网都会干些什么呢？在移动互联网上，接近九成的都市老年人都会使用通信软件，77.1% 的老年人会在手机上进行电商购物，涌入短视频平台的老年人占比也接近七成。在电商和短视频领域，不仅出现了适老化内容产品和服务，也产生了一批以老年人为目标群体的内容生产者。可以看到，"有钱、有闲"的银发群体正在消费、娱乐等互联网领域持续发力。然而，繁华之下，是老年人蹒跚追赶的艰难与吃力。"想用不会用"的窘境和"想学无处学"的无奈几乎是每一个老年人必须面对的现实。

第二，老年人努力接纳新事物，但"选择空间"狭窄。"老"和"新"本来就是一对反义词，"老年人"与"新时代"之间的矛盾与冲突不言而喻。为了弥合"老"与"新"之间的距离，老年人正在加快追赶的步伐，努力接纳新事物。老年人开始成为网络博主、带货主播；开始走进老年大学，主动学习新技能、了解新知识；开始选择旅游、智慧生活等长期以来被年轻人掌握主要话语权的享受型消费。但我们也可以清晰地看到，老年人始终是"追赶者"的角色，选择空间较为狭窄。以老年人网络购物为例，从 2021 年到 2023 年，移动购物行业中银发人群增长了 5885 万人次，

增幅超过30%。但当我们把银发人群放在整体消费市场的大盘子中来看，银发人群所产生的经济收益远低于其人口21.1%的占比。这种火爆现象与实际收入之间的巨大差距，反映出"选择空间"的狭窄对银发人群消费潜力释放的压制。我们有满足年轻人各类需求的购物软件，但在设计之初将老年人纳入考虑，甚至专门为老年人开发的软件少之又少。所以也希望年轻人能够等一等老年人。老年人亟须走出"追赶"的角色，需要实现从"会不会用"到"能不能用得舒坦、用得方便"的转变。

第三，老年人渴望再就业，但缺乏机遇与保障。低龄老年人是一笔丰厚的劳动力资源，以四川省统计数据为例，60～69周岁身体健康的老年人占比接近90%，90岁以上的健康老年人占比也超过了40%。无论是从老年人基本情况和自身意愿出发，还是从劳动市场需求出发，延迟退休年龄、支持老年人再就业都已经是"箭在弦上"。我国相关法律法规规定的法定劳动年龄是年满16周岁至退休年龄。2020年，我国平均退休年龄为57.5岁，与"健康工作五十年"的目标还存在八年半的差距和空间。相较于国际情况，我国现行退休年龄偏低。我们亟须老年人就业合法化制度的出台和保障，推动老年人劳动力资源真正走向现实、走进市场。

第四，养老相关企业增速放缓，但多处市场仍存在"无人区"。当前养老相关企业增速放缓的现象。但从实际需求来看，当前银发经济市场还存在多处"无人区"。比如和老年人身体健康同样重要，但还没有引起市场重视的心理健康赛道。《中国国民心理健康发展报告（2019—2020）》对北京市老年人的调查数据显示，近1/3的老年人存在抑郁状态。其中近 12.17% 的老年人存在中高度抑郁情绪。《中国国民心理健康发展报告（2020—2021）》指出，老年人心理健康素养水平与经济收入、学历和社会地位显著相关。此外，根据 2020 年第七次全国人口普查结果，单身老人（单独居住的老人）为 3729 万户，这一数据较第六次全国人口普查增长了约 6.5%。民政部调查数据显示，我国老年人口中空巢老人占比目前已超过一半，部分大城市和农村地区，空巢老年人比例甚至超过 70%。由此可以看到，针对单身老人和空巢老人的下沉专业市场，是可以探索的打开银发经济大门的一把重要"金钥匙"。

（二）发展银发经济，我们还缺少什么？

第一，缺规模：相比于巨大的市场潜力，现有市场规模只是"冰山一角"。 当前，我国老年人口消费虽然已经形成了万亿元级市场，但对比 2.97 亿的人口基数来说还只是九牛一毛，冰山一角。如何充分释放市场潜力？不仅需要政府端的引领与号召，更重要的是市场端的纵深挖掘和覆盖范围的拓展。

第二，缺品牌：银发经济领域具有高品牌性的企业、活动等仍处于培育阶段。 毫无疑问，当前银发经济领域的产品开发、产业建设、产业链建设都在如火如荼地进行，但"探索有余，品牌不足"也是银发经济必须面对的事实。品牌化建设是发展银发经济的必行之举。

第三，缺供给：面对需求细致、分类繁杂的老年消费群体，缺少服务于老年人的专业产品。 可以说，老年人是最为复杂的消费群体，也是消费

京和学术文库 ●

可能性最多、最广的群体。从身心健康角度看，老年人可能会面临各种各样的身体、心理疾病，此时专业的治疗、陪护就有了巨大的市场。例如，阿尔茨海默病是典型的老年病，预计到2050年，我国阿尔茨海默病的患病人数最高有可能达到近9200万人，这一类人群不只需要家人的陪伴照顾，更需要专业系统的治疗和服务。当前银发经济市场上，我们还很缺乏这样专业化程度高的小精尖产品。

第四，缺保障：处在银发经济发展的初步阶段，养老安全需要引起高度重视。银发经济26条的最后专门提出要"打击涉老诈骗行为"。近年来，老年诈骗屡见不鲜，因此市场保障需要引起我们的高度重视。面对"银发经济"这一块大蛋糕，我们在思考如何掘金的同时，也要警惕"盗金"的出现，敲响养老安全的警钟。

（三）我们要如何把握银发经济新机遇？

第一，要以市场为基础，以市场需求为导向，找准市场切入点。要在充分认清我国老年市场本质特征和发展趋势的基础上，充分借鉴其他国家的实践经验，将成熟经验与我国老年市场进行有机结合。

第二，把握本质需求，以服务关怀为第一出发点。老年人终究是老年人，在发展银发经济的过程中，要更多地添加人文关怀。要以服务关怀为第一出发点，发展有温度的银发经济。要更多关注农村老人这一数量庞大，但声量和单体消费能力相对较弱的老年群体和其他弱势群体，让所有老年人都能"老有所养"。

第三，要跳出银发看银发经济，探索产业链融合。银发经济的产业出发点和消费人群主要是银发群体，但却不只是银发群体的经济。以银发经济为起点，可以实现各个年龄层、各个消费圈层的串联。因此我们要解放思维，跳出银发看银发经济。

第四，追求科技向善，为老龄群体跨越数字鸿沟搭建桥梁。在生成式人工智能的赋能下，各科技业态和产品已经或者正在进行变革。在这一轮变革期，银发经济应该被重点考虑，要将老龄群体的需求前置，打造出更多真正适老、适用、适合市场化的产品。

我们每个人的家里都有银发老人，我们每个人也都会变成银发老人。银发经济的发展不仅仅是一个经济命题，同样也是一个社会命题。我们虽然处于老龄化社会，但是我们最终要走向的，不是老龄社会，而是全龄社会——这就是银发经济新机遇的核心所在。

人物介绍

刘玉珠　男，汉族，1957年12月生于安徽怀远县。1974年11月参加工作，1976年11月加入中国共产党，大学本科学历，法学学士学位。现任中国文物保护基金会理事长，曾任中华人民共和国文化和旅游部党组成员，国家文物局党组书记、局长。出版《文化市场管理指南》《文化市场实务全书》《中国市场经济监督全书·文化市场卷》《文化市场学——中国当代文化市场的理论与实践》《WTO与中国文化产业》等专著。

单霁翔　男，1954年7月生于沈阳，籍贯江苏江宁。高级建筑师、注册城市规划师。毕业于清华大学建筑学院城市规划与设计专业，获工学博士学位。历任北京市文物局局长、北京房山区委书记、北京市规划委员会主任、国家文物局局长、故宫博物院院长。为第十届、第十一届、第十二届全国政协委员。被聘为北京大学、清华大学等高等院校兼职教授、博士生导师。现任故宫博物院学术委员会主任、青城山—都江堰文化遗产研究院名誉院长、北京东城文化发展研究院院长。

范　周　男，1959年9月生，辽宁大连人。现任北京京和文旅发展研究院院长、文化和旅游部文化和旅游研究基地首席专家。中国传媒大学文化产业管理学院教授、博士生导师、创建院长。大连市政府参事。联合国创意经济顾问，享受国务院政府特殊津贴。近年来，主持10余项国家社科基金等重大重点项目，出版学术著作40余部，累计发表学术论文近300篇。承担国家重大战略规划和各省市文化和旅游发展规划200余项，参与"十一五"时期以来国家多项文化规划、文化战略及文化政策的制定与起草工作。曾担任国家发展和改革委员会"十三五"规划专家委员会委员、全国人大《公共文化服务保障法》起草专家组成员。主要研究方向为文旅政策、区域经济、文旅产业、公共文化服务等。

李凤亮　男，1971年11月生，江苏阜宁人。现任华南农业大学党委书记。为国务院"政府特殊津贴"获得者，国家"万人计划"哲学社会科学领军人才，中宣部文化名家暨"四个一批"人才，"百千万人才工程"国家级人选暨"国家有突出贡献的中青年专家"，教育部"新世纪优秀人才支持计划"入选者，广东省第三届"优秀社会科学家"。主要从事文艺理论、文化产业、城市文明研究。主持国家级课题6项（含国家社科基金重大项目3项），省部级课题10项，出版各类著作（含合著）30部，发表学术论文100余篇、文化评论200余篇。曾获得中国文化产业20年学术贡献奖、霍英东教育基金会"高校青年教师奖"、广东省哲学社会科学优秀成果奖、广东省文学评论奖、深圳市第三届"鹏城杰出人才奖"等。

李向民 男，1966年生，江苏建湖人。著名经济文化学者，剧作家（笔名南柯）。二级教授，博士生导师，我国文化产业研究的奠基者之一，中国最早研究文化产业的学者，精神经济理论和艺术经济史学的创始人。现任南京艺术学院党委副书记、江苏省重点高端智库紫金文创研究院院长。国家社科基金重大项目首席专家，享受国务院特殊津贴。中国艺术学理论学会中国文化产业管理专业委员会会长，中国作家协会会员，中国美术家协会会员，中国电影家协会会员，中国文艺评论家协会艺术产业研究委员会委员，中国高校影视学会影视产业专业委员会副会长，中国电视剧编剧工作委员会常务理事，江苏省文联荣誉委员，江苏省人才创新创业促进会副会长，澳门科技大学博士生导师。江苏省333高层次人才培养工程"中青年领军人才"。

向 勇 男，1977年生，四川宣汉人，管理学博士。北京大学艺术学院教授、博士生导师，北京大学博雅青年学者。现任北京大学文化产业研究院副院长、国家文化产业创新与发展研究基地副主任、澳门特区政府文化产业基金评审委员会委员、韩国文化院文化产业顾问、亚洲文化推展联盟理事、联合国贸发会议创意经济小组专家，曾任北京大学艺术学院副院长、伦敦城市大学访问教授、剑桥大学商学院访问学者。主要研究领域为创意管理、艺术经济与文化产业，先后出版专著10余部，发表论文100余篇。先后入选北京大学十佳导师、北京高等学校青年英才计划、教育部新世纪优秀人才支持计划和"万人计划"青年拔尖人才计划。

徐洪才 男，1964年生于安徽。博士、教授、研究员，中国政策科学研究会常务理事、经济政策委员会副主任，欧美同学会研究院高级研究员、经济研究中心主任、留美分会副会长、财经头条首席经济学家，中国光大集团独立董事，中国人寿资产管理公司独立董事，中央电视广播总台特约经济评论员，中国科学院大学、北京师范大学、中央财经大学兼职教授，全国工商联智库专家。出版《大抉择：开启新一轮改革开放》《大转型：探寻中国经济发展新路径》《变革的时代：中国与全球经济治理》等10部专著；主编《投资银行学》《期货投资学》等10部著作；主持课题《亚投行在国际融资体系中战略定位研究》《亚欧互联互通与产业合作研究》《中国宏观经济形势跟踪研究》《全球经济治理与国际货币体系改革研究》等20余项。

吴必虎 男，1962年生于江苏阜宁。北京大学城市与环境学院教授、博士生导师、城环学院旅游研究与规划中心主任、国际旅游研究院院士、国际旅游学会终身创会主席、文化和旅游部"十四五"规划专家委员会委员、中国旅游协会地学旅游分会会长、游历图书馆创始人。多年从事旅游地理学、历史地理学、城市与区域旅游规划、文化遗产活化与国家公园游憩、游历理论等领域的研究，担任北京大学研究生《旅游规划原理》、本科生《城乡游憩与旅游规划》教学工作。创办并担任北大城环学院与中国建筑工业出版社联合主办《旅游规划与设计》连续出版物主编。已主持完成国家自然科学基金5项；在旅游地理、旅游规划和人文地理等领域的中英文学术期刊发表论文400余篇；出版专著10余部；曾获中国地理学会"中国旅游地理学杰出贡献奖"（2013）等荣誉。在国内旅游政策研究及科技成果转化方面具有重要影响力。